Die berühmtesten deutschen Sportwagen aller Zeiten

Die berühmtesten deutschen **SPORTWAGEN** aller Zeiten

Eine Chronik von
Udo Bols

PODSZUN

Inhalt

© 1994
Verlag Walter Podszun
Bahnhofstraße 9, D-59929 Brilon
Herstellung Druckhaus Cramer, Greven
ISBN 3-86133-120-9

Vorwort

Ist es die Sehnsucht nach Freiheit und Abenteuer? Der Drang, die Welt zu erobern? Die Freude am hohen Tempo? Oder einfach die Liebe zu rassigen Formen? Sind es vielleicht Kindheitserinnerungen, die unser Interesse wecken? Schreibt doch der Brockhaus als Definition: "Sportwagen: 1. leichter Kinderwagen ohne Verdeck für Kinder, die schon sitzen können. 2. Zweisitziges Fahrzeug mit leichter, strömungsgünstiger Karosserie und starkem Motor, das – im Unterschied zum Rennwagen – für den öffentlichen Verkehr zugelassen sein muß".

Sie, liebe Leserin, lieber Leser, ganz gleich ob Sie einen Sportwagen besitzen oder "nur" Sportwagen-Liebhaber sind, wissen ebenso wie der Autor: Die Faszination eines Sportwagens, die Begeisterung für Roadster, Speedster, Sportcabrios oder Sportcoupés verursacht Gefühle, die süchtig machen.

Die Süddeutsche Zeitung konstatierte kürzlich, die Roadster kommen. In der Tat: Nicht nur Porsche, auch Mercedes und BMW arbeiten mit Vollgas an neuen, kleineren, preiswerteren Flitzern. Die Nachfrage nach echten Sportwagen zu erschwinglichen Preisen scheint enorm zu sein. Die Begeisterung macht nicht nur süchtig, sie steckt wohl auch an. Viel Freude an diesem Buch wünscht Ihnen

Udo Bols

ADLER

Die große Zeit der Adler-Werke ist identisch mit der Zeit der Hitler-Diktatur bis zum Beginn des Zweiten Weltkriegs. Von den rund 212 000 Autos, die insgesamt bei Adler gebaut werden, stammen etwa 160 000 aus der Zeit von 1933 bis 1939, wobei zu berücksichtigen ist, daß Adler bereits vor dem Ersten Weltkrieg als bedeutendes Automobilunternehmen galt. Adlers herausragender Erfolg ist der Kleinwagen Trumpf Junior, der 1934 in Serie geht und 1939 auf die enorme Produktionszahl von 100 000 Stück verweisen kann. Weit weniger erfolgreich wird der 1937 entschlüpfte Adler 2,5 Liter, der es lediglich auf 5295 Exemplare bringt. Aber mit seiner futuristisch anmutenden Stromlinienform, bei der die Scheinwerfer voll integriert sind, der pfeilförmigen Vorderradaufhängung und der Registeranordnung der Vergaser geht er in die Automobilgeschichte ein. Er ist die Sensation des Jahres 1937. Der Volksmund tauft ihn "Autobahnadler".

Der "Autobahnadler" als Cabriolet von Karmann (oben und unten)

Adler 2,5 Liter Sport-Cabriolet 1938 bis 1939

Die Osnabrücker Karosserieschmiede Karmann entwickelt für den Autobahnadler ein zweisitziges Sportcabriolet und einen Viersitzer mit Faltverdeck. 58 PS leistet der Sechzylindermotor bei 3800 U/min, die Spitzengeschwindigkeit liegt bei 125 km/h. Um auf Tempo 100 zu beschleunigen, benötigt das 1400 kg schwere Cabriolet 34 Sekunden. Der Preis: 5 959 Reichsmark für das viersitzige Cabriolet, für den Zweisitzer muß man 150 Reichsmark mehr bezahlen.

Eine zweisitzige Sportlimousine entsteht bei der Berliner Karosseriefirma Buhne, die mit 80 PS bei 4200 U/min auf eine Spitzengeschwindigkeit von 150 km/h kommt. Der Preis ist mit 8 750 Reichsmark erheblich höher angesetzt als der der Cabriolets.

Die Sportversionen des Autobahnadlers werden zwar bestaunt, bleiben aber wegen ihrer hohen Preise und wegen des Beginns des Zweiten Weltkriegs recht seltene Geschöpfe.

AUDI

Obwohl August Horch mit den Audis von heute nichts mehr zu tun hat, ist er der Namensgeber, und das ereignet sich recht kurios. Nach verschiedenen Auseinandersetzungen kehrt Horch 1909 der von ihm selbst gegründeten Automobilfabrik in Zwickau den Rücken und macht gleich nebenan ein neues Werk auf. Seinen eigenen Namen darf er aus rechtlichen Gründen nicht wieder verwenden. Da hat der Sohn eines Mitarbeiters eine pfiffige Idee. Weil er gerade Lateinisch lernt, übersetzt er das Verb "horchen" = audi. Das gefällt August Horch und nicht nur ihm. Die Presse verbreitet den Gag und die neue Automarke Audi wird schnell populär.

Audi Front 2 Liter Sport-Cabriolet
1933 bis 1935

Audi ist inzwischen in die Auto Union aufgegangen und bringt 1933 den Front 2 Liter auf den Markt, der dort mit seinen insgesamt rund 2 000 Exemplaren aber keine große Rolle spielt. Ein Sportcabrio schneidert die Karosseriefirma Gläser, das mit 40 PS bei 3500 U/min und der Höchstgeschwindigkeit von 100 km/h von der Leistung her mit der Limousine identisch ist und für 6 675 RM angeboten wird. Den 6-Zylinder-Motor steuert die Schwesterfirma Wanderer bei und gefertigt wird der Audi-Front - man höre und staune - bei Horch, die jetzt ebenfalls der Auto Union angehören.

Audi Front 2 Liter Sportcabriolet von Gläser (1933)

Audi Front 225 Sport-Cabriolet
1935 bis 1938

Der größere Bruder des 2 Liter Sport-Cabriolets ist ebenfalls mit dem 6-Zylinder-Wanderer-Motor ausgestattet und verfügt über 50 PS bei 3300 U/min, ab 1937 über 55 PS. Das 2,3 Liter Cabrio wird – wie der Vorgänger – für 6 675 RM angeboten, bringt 1 350 kg auf die Waage und eine Spitzengeschwindigkeit von 105 km/h.

Der Spezial-Roadster, der nur 1935 zu haben ist, kostet dagegen 8 500 RM. Der "Audi-Sport", wie er in einem Anzeigentext genannt wird, wird von einem 90 PS-Sechszylindermotor mit hängenden Ventilen und Doppelvergaser angetrieben, für dessen Konstruktion kein geringerer als Ferdinand Porsche verantwortlich zeichnet.

Audi Front 225 Spezial-Roadster (1935)

Audi 100 Coupé S
1970 bis 1976

Die Auto Union siedelt sich nach dem Zweiten Weltkrieg in Ingolstadt an und wird 1958 von Daimler-Benz übernommen, die das Werk 1965 an VW veräußern. VW bringt 1965 den alten Namen Audi wieder auf den Markt und landet 1968 mit dem Audi 100 einen großen Erfolg. Das bildschöne 100 Coupé S begeistert 1970 die Sportwagenfans. Der Radstand wird gegenüber der Limousine um 115 mm gekürzt, die Seitenführungskräfte durch breite Reifen stabilisiert. Der 1871-ccm-Vierzylindermotor leistet 115 PS. Spitzengeschwindigkeit: 185 km/h. Im Erscheinungsjahr 1970 kostet das Coupé 14 400 DM.

Oben: Das Audi 100 Coupé S. Unten: Auf der IAA 1973 erregt eine Stilstudie Aufsehen, die Giugiaro (Ital Design) in Zusammenarbeit mit Karmann entwickelt hat. Das "Pik As" genannte viersitzige Coupé, das völlig ohne Chrom auskommt, entsteht auf der Basis des Audi 80

Audi Sport Quattro
1984 bis 1986

Mit dem Quattro präsentiert Audi 1980 auf dem Genfer Salon einen Pkw mit permanentem Allradantrieb, der bis 1991 gebaut wird und der der Marke Audi einen ungewöhnlichen Prestigegewinn einfährt. Die Struktur der Audi-Fronttriebler erweist sich als ideal für die Weiterentwicklung zum Allradantrieb. Der längs eingebaute Motor liegt vor dem Differential der angetriebenen Achse, direkt dahinter das Schaltgetriebe. Man brauchte nur das vorhandene Zweiwellen-Getriebe so zu ändern, daß es ein Zwischendifferential und den Antrieb zu den Vorderrädern aufnehmen konnte. In allen Modellreihen bietet Audi zumindest eine Quattro-Version an.

Mit dem Spitzenmodell, dem 306 PS bei 6700 U/min starken Sport Quattro, unterstreicht Audi die sportlichen Ambitionen. Der Fünfzylindermotor mit 2133 ccm-Hubraum erreicht 250 km/h Spitzengeschwindigkeit und beschleunigt von null auf 100 km/h in 4,9 Sekunden. Aber nicht nur die Leistungen sind Spitze: 203 500 DM kostet der Allradrenner (1985).

Oben: Der 306 PS starke Audi Sport Quattro von 1986. Unten: Audi Cabriolet von 1992

Audi Cabriolet
ab 1992

Auch in den neunziger Jahren fährt Audi bei den sportlichen Wagen ganz vorn. Nach dem Coupé, das 1991 erscheint, präsentieren die Ingolstädter ein Jahr später ein hinreißendes Cabriolet, das dem offenen Dreier von BMW Konkurrenz macht. Zunächst wird ein 2,3 Liter-Fünfzylinderreihenmotor mit 133 PS bei 5900 U/min eingebaut, der das Cabrio zu einer Spitzengeschwindigkeit von 200 km/h beflügelt. Die Beschleunigung: Von null auf 100 in 10,8 Sekunden. Ab dem Frühjahr 1993 wird das Cabrio von einem V6-Aggregat angetrieben.

BAUR

Mit 25 Jahren erwarb er 1908 den Meisterbrief des Stellmachers, ein Jahr später leitete er bei Daimler den Bau von Kaisers Küchenwagen nebst Kleinbus für die Köche, wieder ein Jahr später machte er sich selbständig: Karl Baur. In den folgenden Jahren karossierte er Cabriolets, Coupés und Luxuskarossen für so klangvolle Namen wie Maybach, Horch, Wanderer, Lancia, Ford, DKW oder Opel. Heute ist die renommierte Stuttgarter Firma immer noch selbständig. Allerdings wird seit Jahren eine enge Zusammenarbeit mit BMW gepflegt. "Baur macht luftig" schreibt die *auto motor und sport*.

Baur Hardtop Cabriolet (E21) auf Basis der BMW-Dreierreihe

Baur Hardtop Cabriolet
1978 bis 1982

Mit der Einführung der BMW-Dreierreihe (316, 318, 320, 323i) werden parallel bei Baur Cabriolet-Karossen produziert. Alle Motor- und Ausstattungsvarianten der BMW-Grundmodelle stehen zur Wahl. Für Vertrieb und Service sorgt das BMW-Händlernetz. Gebaut werden von der ersten Dreierreihe (intern E21) insgesamt 4 595 Stück. Das 323i Cabrio wird 1978 für 27 498 DM angeboten.

Baur Topcabriolet (E30) auf Basis der bei BMW 1982 erstmals vorgestellten neuen Dreierreihe, die mit großem Erfolg bis 1991 gebaut wird

Baur Topcabriolet
ab 1983

Auf der Basis der neuen BMW-Dreierreihe beginnt bei Baur 1983 die Produktion der jetzt "Topcabriolet" genannten Varianten. Diese Dreierreihe (E30) wird bis 1991 insgesamt 14 455 mal gebaut. Der Grundpreis des 320i Cabrios beträgt 32 400 DM.

Weiter geht es 1993 mit der wiederum neuen Dreierreihe, die ebenfalls parallel zu den BMW-Basismodellen erscheint. Von anderen Cabrios unterscheiden sich die neuen viertürigen Topcabriolets (E36) wieder dadurch, daß Tür- und Dachrahmen stehen bleiben. Ganz neu ist die beheizbare Glasheckscheibe im Verdeck. Die Preise: 50 421 DM (316i/4) bis 72 521 DM (325iA/4).

Baur Topcabriolet (E36) auf Basis der bei BMW 1993 eingeführten Dreierreihe

Zwei Topcabriolets von Baur: Oben der E30, unten das Modell von 1993 (E36)

BITTER

Auf der Grundlage ihres Diplomat V8 wollen die Opel-Werke 1971 ein Luxus-Coupé ins Rennen schicken. Der italienische Schörkel-Künstler Frua wird beauftragt, aber Opel verwirft dessen Kreation. Da betritt der ehemalige Rennfahrer Erich Bitter die Szene, er traut sich zu, den Frua-Entwurf zusammen mit den Opel-Stylingexperten zu entschnörkeln. Und tatsächlich gelingt es Bitter, zur IAA 1973 das elegante Bitter Diplomat CD-Coupé zu präsentieren. Obwohl er eng mit Opel zusammenarbeitet, von dort seine Motoren, Getriebe und sonstigen Innereien bezieht, wirtschaftet Erich Bitter selbständig. Die Karosserien seiner Luxus-Coupés läßt er bei namhaften Karosseriefirmen fertigen. Der Individualist ist jetzt über 20 Jahre im Geschäft: ein kleines Kunststück, immerhin muß er sich gegen eine Riesen-Konkurrenz behaupten.

Bitter SC Cabriolet auf Basis des Opel Senator 3,0 E

Bitter Type III auf Basis des Opel Omega 3,0 E: Von null auf 100 in 7,6 Sekunden

Bitter Diplomat CD
1974 bis 1980

Der erste Wurf des Schwelmers findet gleich großes Interesse bei den Sportwagenfans. Er ist mit dem Chevrolet 5,4 Liter V8-Motor ausgestattet, der 230 PS bei 4700 U/min leistet und das viersitzige Coupé auf eine Höchstgeschwindigkeit von 210 km/h bringt. Die Beschleunigung: von null auf 100 schafft der 1 680 kg schwere und 1 285 mm niedrige Bitter CD in 10 Sekunden. Die Karosserie wird bei Baur gefertigt. Insgesamt werden 395 Exemplare verkauft.

Bitter SC
1980 bis 1986

Weiter geht es mit dem Bitter SC, der auf dem Opel Senator 3,0 E basiert und dessen Entwurf von Michelotti (Turin) stammt. Der zunächst nur als Coupé produzierte SC ist ab 1982 auch als Cabrio zu haben. Der Opel-Einspritzmotor mit 180 PS bei 5 800 U/min bringt 215 km/h Spitze und beschleunigt von null auf 100 in 8,6 Sekunden.

Ein 3,9 Liter-Modell folgt 1984 mit 210 PS bei 5100 U/min und einer Höchstgeschwindigkeit von 225 km/h. Die Preise des SC liegen zwischen etwa 70 000 und 100 000 DM.

Bitter Type III
ab 1989

1988 stellt Erich Bitter einen neuen Bitter vor, der wieder gut ankommt. Der Bitter Type III basiert auf dem Opel Omega 3,0 E Vierventiler, später ist auch ein Vierliter-Motor erhältlich. Er wird als Cabriolet mit vollversenkbarem Verdeck oder als Coupé geliefert. Beide Typen sind zweisitzig und zweitürig. Das Dreiliter-Cabrio mit 177 PS bei 5600 U/min kann in der Spitze 225 km/h fahren, die Vierliter-Variante bringt es mit 272 PS auf 260 km/h. Die 177 PS-Type beschleunigt von null auf 100 in 7,6 Sekunden. Die Preise liegen etwa zwischen 115 000 und 120 000 DM.

Im Stil der 70er: Bitter Diplomat CD (oben) und Bitter Type III als Cabriolet (unten)

BMW

"Cabrios, Sportwagen, Roadsters - ihnen galt schon immer die besondere Liebe der BMW-Entwickler und der BMW-Freunde: Solche Automobile ziehen ihre Bahn durch die Geschichte von BMW, setzen Akzente der jeweiligen Modell-Epochen." Das schreibt BMW in einer Presseerklärung zum Start des Z1, und wer würde dem widersprechen. In der Tat ist das Automobil, mit dem BMW 1928 Premiere feiert, ein offener Zweisitzer, der Dixi, der es mit seinen 15 PS auf stolze 85 km/h bringt.

BMW 315 Sport
1934 bis 1936

Der erste große Sportwagenerfolg gelingt BMW 1934. Der 315 Sport ist ein Zweisitzer-Cabrio mit vollversenkbarem Verdeck, also ein echter Roadster. Der 1,5 Liter Sechszylindermotor mit 40 PS bei 4300 U/min und 130 km/h Spitze wird dem sportlichen Anspruch seiner Zeit gerecht. Als 319 Sport ist der Wagen mit 1911 ccm und 55 PS zu haben. Von beiden Modellen werden zusammmen ca. 350 Exemplare gebaut, die für 5 200 RM und 5 800 RM zu haben sind.

BMW 315 Sport

Der legendäre BMW 328

BMW 328
1936 bis 1940

Er kommt, fährt und siegt: 1936 auf dem Nürburgring mit Ernst Heppe. Bei der legendären Mille Miglia 1938 starten vier BMW 328. Alle erreichen das Ziel und belegen erste Plätze. 1940 sichert sich Huschke von Hanstein mit einer 135 PS starken Leichtbauversion, die 200 km/h erreicht, ebenfalls einen Mille Miglia-Sieg. Seither ist der BMW 328 einer der populärsten Sportwagen. In Sammlerkreisen erzielt er Höchstpreise, bei Oldtimerveranstaltungen steht er stets im Mittelpunkt. Von den insgesamt 461 gebauten BMW 328, die ab Juni 1937 zu erwerben waren, sollen heute noch etwa 150 Exemplare existieren. Produziert wird der 328 von 1936 (in diesem Jahr allerdings nur zwei) bis 1940 und für 7 400 RM ist man dabei. Der 328 ist ein echter Sportwagen mit entsprechenden Fahreigenschaften. Angetrieben wird er von einem Zweiliter-Sechszylindermotor mit 80 PS bei 5000 U/min. Die Höchstgeschwindigkeit des 830 kg leichten BMW 328 beträgt 150 km/h. Der mit Kastenquerträgern verstärkte Rohrrahmen trägt einen leichten Aufbau mit zwei Sitzplätzen. Für Gepäck gibt es keinen Platz.

BMW Sportflitzer der dreißiger Jahre: 315 Sport (oben) und 328 (unten)

BMW 327
1937 bis 1941

Sie zählen noch heute zu den elegantesten BMW aller Zeiten: Das Sport-Cabrio und das Sport-Coupé 327, die sportliche Version des 326. Die beiden erhalten das verkürzte Kastenrahmen-Chassis des 321 und den Zweiliter-Sechszylindermotor mit 55 PS bei 4500 U/min und 125 km/h. Obwohl das Cabriolet, für dessen Aufbau Autenrieth zuständig ist, längst nicht die harmonische Linienführung des Coupés zu bieten hat, findet es viel mehr Abnehmer: 1 124 zu 179.

Gegen Aufpreis ist der 327 auch mit dem Dreivergaser-Hochleistungsmotor aus dem 328 erhältlich und nennt sich deshalb 327/28. Von dieser Version werden insgesamt 569 Stück zum Preis von 8 130 RM (Cabrio) und 8 100 RM (Coupé) an den Mann bzw. an die Frau gebracht.

BMW 327/28-Cabriolets (oben und unten)

BMW 503
1956 bis 1959

Nach dem Zweiten Weltkrieg, nach der totalen Demontage, kann BMW erst Anfang der fünfziger Jahre den Automobilbau in Müchen wieder aufnehmen. 1954 werden Überlegungen angestellt, einen Sportwagen mit Sechszylinderaggregat zu bauen. Aber das Konzept wird schnell wieder zugunsten des V8-Motors ad acta gelegt. In nur 18 Monaten Entwicklungszeit werden die Typen 503 und 507 entworfen. Der erste 503 wird im Mai 1956 ausgeliefert.

Den 503, eine sportliche Ausführung des "Barockengels" 502, gibt es als Cabriolet und Coupé, geschneidert jeweils von dem Designer Albrecht Graf Goertz. 1955 auf der Automobil-Ausstellung in Frankfurt wird das leicht monströs wirkende Luxusmobil der staunenden Öffentlichkeit vorgestellt. Der Reisewagen mit Platz für zwei Erwachsene und zwei Kinder wird von dem 3,2 Liter-V8-Motor angetrieben. 140 PS bei 4800 U/min sorgen für eine Höchstgeschwindigkeit von 190 km/h. Das vollsynchronisierte Viergang-Getriebe ist wie

bei den bisherigen BMWs durch eine kurze Zwischenwelle vom Motor getrennt unter den Vordersitzen angeordnet. Wegen des hohen Preises, er kostet rund 10 000 DM mehr als die Limousinenausführung 502, erreicht der 503 nur eine Auflage von 412 Exemplaren.

Oben: BMW 503 Cabrio aus Serie 1, bei der die Zierleiste hinten nach oben zeigt. Unten: BMW 503 Coupé

17

BMW 507
1956 bis 1959

Der rassige Roadster 507, für den es auch ein Hardtop gibt, wird ebenfalls auf der IAA 1955 vorgestellt und ist, wie sein Bruder 503, von Graf Goertz entworfen. Obwohl der 507 in seiner Konzeption als ebenbürtiger Konkurrent zum Mercedes 300 SL angesehen wird, wird er nur 253 mal gebaut. Man muß dabei allerdings berücksichtigen, daß der Mercedes, der etwa achtmal so häufig gebaut wird, zum größten Teil exportiert wird. Der 507, dessen sportliche Qualitäten von Hans Stuck bei verschiedenen Bergrennen bestätigt werden, erreicht mit 150 PS bei 5000 U/min Höchstgeschwindigkeiten von 220 km/h. Das Getriebe ist mit dem Motor verblockt, und ab 1958 ist der 507 mit vorderen Scheibenbremsen ausgestattet.

Heute soll der bei BMW-Freunden als schönster Sportwagen geltende Roadster noch mit 70 Exemplaren existieren, die bei Clubveranstaltungen große Bewunderung hervorrufen. Würde man ihn heute erwerben wollen, müßte man mehr als das Doppelte seines ursprünglichen Preises locker machen. Und das waren immerhin schon 26 500 DM.

Oben: BMW 507 mit Hardtop und der in den fünfziger Jahren populären Schauspielerin Winnie Markus. Unten: Die zum Cabrio umgebaute Einzelanfertigung des BMW 3200 CS

BMW 3200 CS
1962 bis 1965

Ende 1960 entschließt sich BMW, das Programm nach oben wieder mit einem starken Sportwagen abzurunden. Der renommierte italienische Karosserieschneider Nuccio Bertone ist mit Entwürfen schnell bei der Hand. Er baut in Turin die Rohkarosse, und in München wird der Wagen montiert. Nur 603 Stück dieses letzten Achtzylinder-BMW (160 PS bei 5600 U/min, 200 km/h Spitze) alter Prägung werden von den Bayern zum Stückpreis von rund 30 000 DM zwischen 1962 und 1965 verkauft.

Den 3200 CS gibt es wahlweise mit Lenkrad- oder Knüppelschaltung. Zur Serienausstattung gehören unter anderem ein Drehzahlmesser, Nebelscheinwerfer und bei den späteren Modellen Lederpolster nebst Holzarmaturenbrett. Sonderausstattung: Sicherheitsgurte, elektrisches Schiebedach und elektrische Fensterheber. Noch exklusiver ist eine Cabrio-Version des Sportwagens mit Leichtmetallmotor, elektrischem Verdeck und Lederausstattung. Sie gibt es in der Tat nur ein einziges Mal und existiert noch heute. Das Einzelstück ließ sich der BMW-Großaktionär Herbert Quandt anfertigen.

Heute begehrter als während seiner Bauzeit: BMW Roadster 507 (oben)
und der BMW 3200 CS von Bertone (unten)

19

BMW 700 Sport
1961 bis 1964

Mit dem 700er gelingt BMW in den sechziger Jahren ein pfiffiger Kleinwagen, der in seiner Bauzeit von 1959 bis 1965 insgesamt 181 411 mal verkauft wird. Der Zweizylinder-Wagen erscheint 1961 als Sportausführung mit höherer Leistung: 40 PS bei 5700 U/min und 135 km/h Spitze. Er ist als Coupé für 5 850 DM und als Cabrio für 6 950 DM zu haben. Ab 1963 flitzt der 650 kg (Cabrio 685 kg) leichte 700 Sport unter der Bezeichnung 700 CS über die Straßen.

BMW 700 Sport im Einsatz, unten der 700 RS 1 Spider

BMW 2000 C, 2000 CS
1965 bis 1970

Das Fahrgestell des BMW 1500 mit unverändertem Radstand bildet die Basis der rassigen Coupés, aber es wird entsprechend angepaßt: verstärkte Achsschenkel, verstärkte Vorderquerlenker und näher zur Radmitte versetzte hintere Federn. Die Karosserie ist ein eigener Entwurf, die Herstellung überläßt man Karmann. Die äußere Eleganz des 2000 C mit einer ungewohnten Frontpartie - die trapezförmige Scheinwerferabdeckung besteht aus Plexiglas - setzt sich im Innenraum fort. Ein geschwungenes Armaturenbrett mit Edelholztäfelung läßt die vier großen Rundinstrumente klar hervortreten. Wenn man dem flotten Coupé unter die Motorhaube schaut, meint man, dort die Maschine des 1800 TI wiederzufinden. Doch der neue Vierzylindermotor enthält mehr Ingenieurarbeit als simples Aufbohren der 1800er Maschine. Er leistet im Coupé 2000 C – mit Automatikgetriebe nennt es sich 2000 CA – 100 PS bei 5500 U/min und bringt eine Spitzengeschwindigkeit von 172 km/h. Statt *eines* Vergasers rüstet BMW die Version 2000 CS mit zwei Doppelvergasern aus und hebt dadurch die Leistung um 20 PS an. In den Verkaufszahlen entpuppt sich der CS eindeutig als Favorit. Sein Preis: 17 000 DM.

BMW 1600 Cabriolet
1967 bis 1971

Großen Erfolg fahren BMW die sogenannten 02er ein. Zweitüren-Limousinen mit sportlichem Charakter, die insgesamt eine Stückzahl von rund 750 000 erreichen. Zu den unscheinbar wirkenden Limousinen gesellt sich 1967 das Cabriolet (85 PS bei 5700 U/min, 162 km/h Spitze) mit voll versenkbarem Verdeck, das bei Baur in Stuttgart karossiert wird. 1971 wird das 1600er Cabrio vom 2002 Cabrio mit Überrollbügel abgelöst, das bis 1975 gebaut wird. Insgesamt bringen es die beiden Cabriolets auf etwa 4 000 Exemplare, die für 11 980 DM (1967) bis zu 17 880 DM (1975) verkauft werden.

BMW 200 C/CS, für den Karmann 13 696 Karosserien herstellt (oben)
und das BMW 1600 Cabriolet aus dem Automuseum Ibbenbüren (unten)

BMW 2800 CS, 3,0 CS, 2,5 CS
1968 bis 1977

Das Sechszylinder-Coupé 2800 CS (170 PS bei 6000 U/min, 206 km/h Spitze) hebt sich optisch durch eine stark veränderte Frontpartie und eine längere Motorhaube von den "kleineren" Coupés ab. Mit gleichzeitig verlängertem Radstand wirkt es viel gestreckter. Mit größerem Motor und Vierrad-Scheibenbremsen kommen 1971 die Coupés 3,0 CS (180 PS bei 6000 U/min, 213 km/h Spitze) und 3,0 CSi (200 PS bei 5500 U/min, Spitze 220 km/h) auf die Straßen, und noch im selben Jahr erscheint das Leichtbau-Coupé 3,0 CSL. Es wird zunächst von dem 180-PS-Vergaser-Motor angetrieben, 1972 vom 200-PS-Einspritzer und 1973 gibt es einen 3153 ccm-Motor mit 206 PS bei 5600 U/min, der das Coupé in 7,5 Sekunden von 0 auf 100 jagt. Die schlechter werdenden wirtschaftlichen Verhältnisse veranlassen BMW 1974 zu einer abgespeckten Version: Der 2,5 CS mit seinem 2,5 Liter-Motor und 150 PS bei 6000 U/min bringt zwar immer noch gute 200 km/h, kostet aber nur 28 500 DM und ist damit rund 10 000 DM billiger als das Spitzen-Coupé 3,0 CSL.

Er geht nicht in Serie: BMW Turbo, Styling von Bracq

BMW Turbo
1972

Aus Anlaß der 20. Olympischen Sommerspiele 1972 in München entschließt man sich bei BMW einen Sportwagen zu bauen, mit dem man einen besonderen Beitrag zu den sportlichen Ereignissen leisten will. Die Karosserie dieses Mittelmotor-Fahrzeugs stammt von Michelotti, das Chassis von Lamborghini. Besonderes Merkmal sind die Flügeltüren und die Front- bzw. Heckpartie. Letztere bestehen aus einem verformbaren Kunststoff, so daß kleine Kollisionen ohne Schaden überstanden werden. Darüber hinaus warnt ein Brems-Abstands-Gerät vor zu dichtem Auffahren. Zunächst ist geplant, den 125 PS-Motor aus dem 2002 tii zu verwenden, doch wird diese Idee zugunsten des 270 PS leistenden 2 Liter-Turbomotors (250 km/h Spitze) verworfen, der vorher noch nicht in ein Serienfahrzeug eingebaut worden war. Die Premiere des Traum-Coupés findet am 23. August in München statt, jedoch bleibt es bei lediglich zwei Exemplaren, die später ihren Platz im BMW-Museum finden. Die Serienfertigung wird wegen technischer Schwierigkeiten bei einigen Details nicht aufgenommen.

In voller Fahrt: BMW 3,0 CSL mit Spoilern

Nur fliegen ist schöner: BMW 3,0 CSi (oben) und BMW Turbo (unten)

23

BMW M1
1978 bis 1980

Nachdem der BMW Turbo nicht in Serie geht, stellt BMW im Oktober 1978 den M1 vor. Wie beim BMW Turbo handelt es sich um ein Fahrzeug mit Kunststoffkarosserie und Sechszylinder-Mittelmotor. Im Werksprospekt heißt es: "Der BMW M1 ist keine Erweiterung des Angebotes repräsentativer Luxus-Sportwagen. Er wurde vielmehr als reinrassiger Rennwagen für den Einsatz im Produktionswagen-Spitzensport ersonnen und gebaut." Daher rührt auch die folgende Motorenpalette: Als Serienmodell, das für den Straßenverkehr zugelassen ist, wird der M1 von einem 277 PS-Motor, der 262 km/h Höchstgeschwindigkeit bringt und von null auf 100 in 5,6 Sekunden beschleunigt, angetrieben. In der Gruppe 4-Version läuft er mit einem 3,5-Liter-Triebwerk mit 470 PS. In der Gruppe 5-Version schließlich treibt ihn ein Turbo-Motor an, der 800 PS leistet. Die flache und breite Karosserie ermög-

licht im Zusammenspiel mit dem speziell entwikkelten Fahrwerk, das vorn mit Doppel-Querlenker-Aufhängung, Leichtmetall-Radträgern und Gasdruckstoßdämpfern und hinten mit einer Trapezlenkerkonstruktion ausgestattet ist, eine optimale Straßenlage. Der Preis für die Straßenversion: 113 000 DM (1981).

BMW M 1 Straßenversion: Von null auf 100 in 5,6 Sekunden (oben und unten)

BMW 3er Cabrio
ab 1986

Wegen des großen Interesses der Frischluft-Fans nimmt BMW 1986 die Fertigung des Vollcabriolets auf, zunächst als 325i. Natürlich werden Verstärkungen der Bodengruppe vorgenommen, um trotz des "fehlenden" Dachs optimale Verwindungssteifheit zu garantieren. Die klare, elegante Linie ist nicht zuletzt der Konstruktion ohne Überrollbügel zu verdanken, der von Cabrio-Freunden allgemein als optisch störend empfunden wird. Wegen der besonderen Verstärkung des Frontscheibenrahmens konnte BMW auf ihn verzichten. Das 325i-Cabrio (171 PS bei 5800 U/min, 200 km/h Spitze) kostet 51 700 DM. Später wird die kostengünstigere Alternative nachgeschoben: Das 320i-Cabriolet steht 1988 mit einem Preis von 43 900 DM in der Händlerliste und bietet mit der 129 PS-Maschine und 195 km/h Spitze längst ausreichende Fahrleistungen, zumal Ca-

brio-Fans ohnehin Genießer sind und auf übermäßigen Kraftschub im allgemeinen keinen allzugroßen Wert legen. 1991 wird sogar ein 318i Cabrio mit Vierzylindermotor angeboten, wobei anzumerken ist, daß viele Fans den "samtenen Sound" eines BMW-Sechszylinders gerade im Cabrio nicht missen mögen.

Das Verdeck verschwindet hinter den Rücksitzen unter einer Klappe: BMW 325i Cabrio

BMW Z1
1986 bis 1991

Das Chassis dieses einzigartigen Roadsters ist eine aus Stahlblechen gefertigte Monocoque-Konstruktion, die nach dem Schweißen feuerverzinkt wird. Die Fahrzeugaußenhaut hat keine statische Funktion – theoretisch könnte der Z1 also auch ohne sie fahren; sie besteht aus schlagfesten Kunststoffen und kann in ca. 20 bis 30 Minuten komplett demontiert werden. Die Türen verschwinden auf Knopfdruck samt Seitenscheiben im Türschweller. Es handelt sich um vertikale Schiebetüren, die über Elektromotoren betätigt werden. Ein besonderes Erlebnis ist es, den Z1 mit offenen Türen zu fahren, was übrigens legal ist, denn aufgrund der tiefen Sitzposition und der hohen Seitenschweller besteht für die Insassen keine Gefahr. Der Sechszylinder-Einspritzmotor des Z1 ist bekannt aus der 3er- und 5er-Reihe; er leistet 170 PS bei 5800 U/min aus 2,5 Litern Hubraum und befindet sich hinter der Vorderachse; ein Frontmittelmotor sozusagen. In der Spitze bringt er 220 km/h, Beschleunigung: von null auf 100 in 9 Sekunden. Die Eingelenk-Federbeinvorderachse stammt aus der 3er-Reihe – lediglich die Spur wird um 49 mm verbreitert; die Hinterachskonstruktion ist eine eigens entwickelte Mehrlenker-Achse mit zwei Querlenkern und einem Längslenker. Was hier theoretisch klingt, ist in der Praxis Voraussetzung für Freude am Fahren, denn sicheres Handling und gute Straßenlage zeichnen dieses Auto aus – es ist konzipiert für Fahrspaß in Vollendung. Leider bleibt das Auto für die Mehrheit der Fans ein Traum: der Preis beträgt im Mai 1990 immerhin 87 000 DM. Gebaut werden ca. 8 000 Stück.

Mit offenen Türen zu fahren: BMW Roadster Z1

Zwölfzylindermotor: BMW 850i

BMW 850i, Ci, CSi
ab 1990

Auf der IAA 1989 präsentiert BMW den luxuriösen Sportwagen 850i mit V 12-Zylindermotor. Es ist die Fortsetzung einer BMW-Tradition und dennoch eine völlig neue Linie. Der 12-Zylinder aus dem 750i verrichtet hier nahezu geräuschlos seinen Dienst. Mit 300 PS bei 5200 U/min beschleunigt er das 1790 kg schwere Coupé in nur 6,8 Sekunden aus dem Stand auf 100 km/h. Bei Tempo 250 macht ein elektronischer Regler dem Vorwärtsdrang ein Ende. Wahlweise gibt es ein 5-Gang-Automatikgetriebe oder ein eigens für den 850i entwickeltes 6-Gang-Schaltgetriebe. Bei einem leistungsstarken Fahrzeug ist das Fahrwerk besonders wichtig. Vorn arbeitet eine Doppelgelenkvorderachse mit einem unteren Querlenker und hydraulisch gedämpften Druckstreben. Die Hinterachse ist eine Neukonstruktion; sie nennt sich Integralachse. Der besondere Effekt dieses aufwendigen Fahrwerks zeigt sich in der unempfindlichen Reaktion auf Lastwechsel (Gaswegnahme) und einseitig wirkende Längskräfte. 1993 wird der 850i in 850 Ci umbenannt und der 850 CSi betritt mit Front- und Heckschürze und aerodynamisch angepaßten Außenspiegeln die Sportwagenszene. Sein Motor ist auf 5,6 Liter vergrößert und bietet 380 PS bei 5300 U/min. Einen Superrenner bringt der Allgäuer Hersteller Bovensiepen auf der Basis des 850i: Das Alpina B12 5,7 Coupé beschleunigt mit 416 PS in 5,8 Sekunden von null auf 100 und erreicht eine Höchstgeschwindigkeit von 300 km/h.

BMW Roadster Z1 (oben) und das BMW 300 PS-Coupé 850i (unten)

BMW 840 Ci
ab 1993

Der neueste Sportwagen aus München wird von dem Vierliter V8-Aggregat aus Aluminiumguß angetrieben, das auch die 5er- und 7er-Limousinen erhalten. Der neue Vierventilmotor treibt das viersitzige Coupé mit 286 PS bei 5800 U/min auf eine Höchstgeschwindigkeit von 250 km/h und beschleunigt in 6,9 Sekunden von null auf 100. Der Verbrauch ist relativ gering: 11,7 Liter im Durchschnitt. Als Serienausstattung ist ein elektronisch-hydraulisch gesteuertes Fünfgang-Automatikgetriebe für die Kraftübertragung zuständig. Ab Frühjahr 1994 steht alternativ ein Sechsgang-Schaltgetriebe zur Verfügung, das den betont sportlichen Fahrern besser gefallen wird.

Man darf sehr gespannt darauf sein, mit welchem Sportflitzer das traditionsreiche und stets sportlich ambitionierte Werk mit dem blauweißen Emblem demnächst an den Start geht.

Das neue BMW V8-Coupé: Schnell und sparsam

BORGWARD

Borgward Isabella Coupé
1957 bis 1961

Eine große Sportwagenmarke ist Borgward nicht. Aber mit seinem Isabella Coupé erregt der legendäre Carl F.W. Borgward aus Bremen 1957 das Interesse aller Freunde ästhetisch gestalteter Coupés. Auch sonst hat der Schöpfer des Blitzkarrens, der Anfang der 60er Jahre in Konkurs gerät, sportliche Autos zu bieten, die nicht unerwähnt bleiben sollten.

Im Februar 1957 stellt Borgward das sportlich-elegante Isabella Coupé vor. Es ist für die Liebhaber rassiger Wagen gedacht, "die auf technische Harmonie vollzogene Durchentwicklung und vor allem auf reichliche Motorleistung und hochwertige Fahreigenschaften Wert legen" (Werbung). Angetrieben wird das 1440 kg schwere Isabella Coupé von einem 1,5 Liter-Vierzylindermotor mit 75 PS bei 5200 U/min, der eine Spitzengeschwindigkeit von 150 km/h erlaubt.

Borgward Hansa 1500 Sport
1950 bis 1953

Der erste deutsche Pkw, der nach dem Zweiten Weltkrieg neu konstruiert wird, ist der Hansa 1500, der 1949 auf dem Genfer Salon vorgestellt wird. Die Sportversion, ein Cabrio mit kürzerem Radstand, kommt 1950 zunächst mit einem 66 PS-Vierzylindermotor. 1953 wird der 1500 Sport auf 80 PS verstärkt und erzielt damit eine Spitzengeschwindigkeit von 165 km/h. Mit 14 950 DM ist das Cabrio nicht gerade billig in diesen Zeiten, in denen die Bevölkerung der jungen Bundesrepublik noch mit dem Wiederaufbau beschäftigt ist und das Wirtschaftswunder auf sich warten läßt.

Oben: Borgward Hansa 1500 Sport-Cabriolet. Unten: Borgward Isabella Coupé mit Heckflossen

Die Ausstattung ist für damalige Verhältnisse exklusiv und auf höchste Ansprüche zugeschnitten. Lichthupe, elektrische Scheibenwaschanlage, Standheizung, Belüftung und Entfrostung, Parkleuchten links und rechts und automatische Innenbeleuchtung - sogar des Kofferraums - sind Selbstverständlickeiten. Das Coupé verfügt über zwei Notsitze, hinter deren vorgeklappter Rücklehne sich noch ein separater Kofferraum verbirgt. Dem Zeitgeschmack entsprechend ist es 1958/59 auf Wunsch auch mit ausladenden Heckflossen lieferbar. Bis September 1959 kostet das Isabella Coupé 10 925 DM, danach 11 725 DM. Gegen Aufpreis von 175 DM gibt es eine Zweifarbenlackierung und für 78 DM die in dieser Zeit so beliebte Weißwandbereifung.

Oben: Auf der Basis des Coupés werden bei Deutsch etwa 20 Cabrios gebaut. Mitte: Borgward Isabella Coupé. Unten: Isabella mit Stahlschiebedach

Lloyd Alexander TS Frua
1958 bis 1961

Der Borgward-Kleinwagen Lloyd, der bereits 1950 startet und als "Leukoplastbomber" berühmt wird, erscheint in seiner Spitzenversion Lloyd Alexander TS auch als schnittiges Sport-Coupé. Der 596 ccm-Zweizylindermotor leistet 25 PS bei 5000 U/min und schafft 107 km/h. Viele Käufer finden sich allerdings für den von Pietro Frua skizzierten und dem Renault Floride nachempfundenen Coupé nicht: 49 Exemplare sollen von ihm hergestellt worden sein.

Ein seltenes Geschöpf: Lloyd Alexander TS Frua (oben).
"Ein Wagen, dem man nachschaut..." Borgward Isabella Coupé (unten)

DKW

"Dekawubbdich, komm her, ich schubb dich" heißt ein geflügeltes Wort, mit dem Kinder in den fünfziger Jahren unweigerlich jeden DKW bedenken, der ihnen begegnet. Daß "DKW" ursprünglich die Abkürzung von "Des Knaben Wunsch" ist, weiß in diesen Jahren schon niemand mehr. Firmengründer Rasmussen bezeichnet einen Spielzeug-Zweitakter so, den er 1919 auf der Leipziger Messe ausgestellt. Später werden auch seine Motorräder und Automobile mit dieser Abkürzung bedacht, die sich mit ihren Zweitaktmotoren nachhaltig in die KFZ-Geschichte fahren. Dabei ist die lange Strecke der DKW-Historie keineswegs ohne Hindernisse. 1932 geht DKW gemeinsam mit Wanderer, Audi und Horch in der Auto Union auf, 1945 folgt Enteignung und Demontage, 1950 beginnt in Düsseldorf wieder die DKW-Produktion, 1958 erwirbt Daimler-Benz die Firma, 1965 ist VW an der Reihe um die DKW-Produktion 1966 einzustellen. Da ist doch was dran, an dem eingangs zitierten Spruch, oder?

DKW 600 Sport
1930 bis 1931

Mit rahmenloser Holzkarosserie und einem 600er Zweizylinder-Zweitaktmotor, aber noch mit Hinterradantrieb, erscheint 1928 der erste DKW. Zwei Jahre später gibt es ihn als schnittigen Sport-Zweisitzer mit 18 PS bei 4000 U/min und 100 km/h Spitze. Mit seinem Spitzheck, der langen Haube und den Draht-Speichenrädern sieht das Wägelchen in der Tat wie ein richtiger Sportwagen aus. Der Preis: 2 500 RM.

DKW F1 Front 600 Roadster
1931 bis 1932

Auf der Berliner Automobil-Ausstellung 1931 findet der neue 584 ccm-Kleinwagen mit dem Vorderradantrieb und dem DKW-Motorradmotor mit Dreigangschaltung enormes Interesse. Der Zweizylinder-Zweitaktmotor verfügt über 15 PS bei 3500 U/min und 75 km/h Spitze. Der Road-

DKW 600 Sport von 1930

DKW (F1) Front 600 Roadster

ster startet mit einer Stahlblechkarosserie, von
der nur eine kleine Stückzahl zur Auslieferung
kommt. Später wird dem F1-Roadster die leichte-
re und geräuschdämpfendere kunstlederbe-
spannte Holzkarosserie verpaßt, die erheblich
weniger elegant aussieht. Das Fahrgestell des F1:
Einzelradaufhängung an oberer und unterer
Querfeder, hinten zusätzliche Führungs- und
Dämpfungsfedern, vorn Schneckenlenkung. Das
erstaunlichste an dem kleinen, 450 kg leichten
Renner: er ist mit dem Preis von 1 750 RM nicht
nur gut betuchten Reichsbürgern vorbehalten.

DKW F5 Front Luxus Sport 700
1936 bis 1937

Viel gewaltiger als ein 700er wirkt dieser Roadster, der in jenem Jahr an den Start geht, in
dem Deutschlands Diktator die Jugend der Welt
zu den Olympischen Spielen nach Berlin ruft. Der
DKW Front Luxus Sport wird von einem Zweizy-
lindermotor mit 20 PS bei 3500 U/min angetrieben und kommt auf eine Höchstgeschwindigkeit
von 90 km/h. Inzwischen hat sich die Stahlblechkarosserie durchgesetzt und der zweisitzige
Zweitakter ist für 3 000 RM zu haben.

DKW F5 Front Luxus Roadster (oben) und Auto Union 1000 Sp (unten)

DKW Monza
1956 bis 1958

Großer Verkaufserfolg ist dem Monza nicht beschieden. Trotzdem handelt es sich um ein Coupé, das man durchaus als rassig bezeichnen kann, und das nicht nur auf die Optik bezogen. Mit dem Fahrgestell des Auto Union 1000 und einer Kunststoff-Karosserie ausgestattet, wird der Monza zunächst von dem 900 ccm-Motor mit 38 PS angetrieben. Es folgt eine 40-PS-Version, und die Spitze bildet der 1000er mit 44 PS bei 4500 U/min und 130 km/h Höchstgeschwindigkeit, der 22 Sekunden benötigt, um den Monza von 0 auf 100 km/h zu bringen. Mit 10 500 DM ist man dabei: Insgesamt sollen allerdings nur etwa 110 Monzas gebaut worden sein.

DKW Monza

Auto Union 1000 Sp Coupé

Auto Union 1000 Sp Roadster

Auto Union 1000 Sp
1958 bis 1965

Auf der Basis der Auto Union-Limousine 1000 S stellt die Karosseriefirma Baur einen traumhaft schönen Sportzweisitzer her: Auto Union 1000 Sp, Sp wie "Sport" natürlich. Daß der Sp dem Ford-Thunderbird nachempfunden ist, nimmt niemand übel. Im Gegenteil! Die Käufer – immerhin 6 640 werden es im Laufe der Baujahre – sind froh, ein solches 980 ccm-Gefährt mit 55 PS und 140 km/h Spitze für 11 950 DM erstehen zu können. Premiere ist auf der IAA 1957. Die Auslieferung beginnt 1958. Zunächst gibt es nur ein Coupé, den Roadster ab September 1961.

Gemessen an damaligen Verhältnissen besitzt der 1000 Sp einen drehzahlfesten Dreizylinder-Zweitaktmotor, dazu sichere Kurvenlage und Spurhaltung durch Frontantrieb, eine überragende Straßenlage durch seine Schwebeachse und progressive Federung. Die kreuzverstrebte Stahlrahmenkonstruktion aus Kastenprofil macht ihn heute für den Liebhaber noch attraktiver, denn das erleichtert die Restauration ungemein. Es würde dem 1000 Sp nicht gerecht werden, seine serienmäßige Ausstattung unerwähnt zu lassen. Liegesitze mit stufenlos verstellbarer Rückenlehne, ausstellbare Seitenfenster, gepolsterte Sonnenblenden, Zigarettenanzünder – alles noch keine Selbstverständlichkeit in dieser beginnenden Wirtschaftswunderzeit.

Dürkopp

Mit der Reparatur und Herstellung von Nähmaschinen beginnt 1867 die lange Geschichte des
Bielefelder Unternehmens, das heute - immer
noch in Bielefeld - Förderbänder und Industrie-
Nähmaschinen produziert. Aber auch Fahrräder,
Motorräder und der chice Motorroller Diana
(fünfziger Jahre) werden bei Dürkopp gebaut.
Zwischen 1897 und 1927 widmen sich die Bielefelder dem Automobilbau. Drei Limousinen werden sogar an Reichspräsident von Hindenburg
geliefert.

Dürkopp Sportwagen P 8
1923 bis 1927

Der auf Holzrädern fahrende Typ P 8, wie der
schwere Zweiliter-Sportwagen bei Dürkopp
heißt, wird nur in wenigen Stückzahlen angefer-
tigt. Aber er verhilft der Automarke Dürkopp zu
Popularität, was sich in den Verkaufszahlen der
Limousinen auswirkt. Ausgestattet ist der P 8 mit
einem Vierzylindermotor mit 60 PS bei 4000
U/min, der eine Höchstgeschwindigkeit von 140
km/h erzielt.

**Dürkopp Sportwagen P 8: Zweisitzer (oben),
Dreisitzer (Mitte) und im Einsatz (unten)**

Ford Eifel Sport-Zweisitzer von Karmann (oben)
und als Wohnwagen-Gespann perfekt im Stil der
dreißiger Jahre (unten)

FORD

Ford ist ein Synonym für solide, familienfreundliche Limousinen. Sportliche Akzente sucht man in der Regel bei anderen Automarken. Mit dem Capri haben die Kölner diesem Bild allerdings kräftig gegengesteuert. Aber der Capri ist nicht der einzige Sportwagen der amerikanischen Firma, die 1926 in Deutschland mit der Automobilfertigung beginnt.

Ford Eifel Roadster
1937 bis 1939

Von den englischen Ford-Werken übernimmt Ford Köln 1935 den 1200er, der auf den Namen der Landschaft Eifel getauft wird. Der schwungvoll gezeichnete Roadster mit Vierzylindermotor und 34 PS bei 4250 U/min wird 1937 auf Deutschlands Straßen geschickt und zunächst bei Stoewer, ab 1938 bei Deutsch karossiert. Er verfügt über ein Dreiganggetriebe, wiegt 725 kg und erreicht 100 km/h Spitze. Der Preis bleibt in den drei Jahren konstant bei 2 850 RM.

Ford OSI Coupé
1967 bis 1968

Auf dem Genfer Salon 1966 präsentiert die Turiner Karosseriefirma OSI ein rassiges Sport-Coupé, das auf dem Ford 20 M/TS basiert. Ab 1967 wird der OSI in Deutschland angeboten und dort 1 279 mal verkauft. Zwei Versionen stehen zur Wahl: der 2000 S mit 90 PS (14 900 DM) und der 1150 kg schwere 2300 S mit 108 PS bei 5100 U/min und 175 km/h, der für 15 200 DM zu haben ist.

Ford OSI 20 M TS von 1967 (oben und unten)

Ford Capri
1969 bis 1985

Der Erfolg des amerikanischen Ford-Mustang macht den englischen und deutschen Ford-Managern Mut, ein ähnliches Modell in Europa zu bauen. Der sportliche Viersitzer erscheint 1969 mit der langen Haube und dem kurzen Heck und wird mit großer Begeisterung aufgenommen. Das Capri-Programm umfaßt 1969 fünf Hubraum-klassen von 1300 bis 2300 ccm. Die Leistung reicht von 50 bis 125 PS. Anfang 1969 werden die V-Vierzylinder-Modelle ausgeliefert, die V-Sechs-zylinder folgen im Mai. 1970 kommt der Capri 2600 GT mit 125 PS, der die 2300 GT-Ausführung ablöst und der RS 2600 mit 150 PS. Bei den V-Sechszylindern wird die Drehstrom-Lichtmaschine eingeführt. Neue Scheinwerfer, größere Heck-leuchten, neue Sitze, neue Armaturengestaltung, breitere Räder und den Buckel auf der Haube, auch für die Vierzylinder, gibt es 1972. Die V-Vierzylinder-Motoren werden durch die 1300er/1600er aus dem Ford-Taunus ersetzt. Ende 1973 wird der bisherige Capri – der eine Auf-lage von 784 000 erreicht – nicht mehr produziert. Die Preise: von 6 995 DM (Capri 1300, 1969) bis 16 830 DM (Capri RS 2600, 1973).

Ford Capri II Ghia 2,8i mit V-Sechszylindermotor mit 160 PS und 210 km/h Spitze (oben), Capri 1300 von 1969 (unten) und Capri RS 2600 mit 150 PS und 205 km/h Spitze (ganz unten)

Der Capri II hat 1974 Premiere. Als erster Ford-PKW besitzt er eine Heckklappe. Die Karosserie ist leicht geändert, etwas runder. Die Motorenauswahl: von 1,3 bis 3,0 Liter. 1976 kommt die "S"(Sport)-Version mit serienmäßigem Frontspoiler auf den Markt. Bei der Ausgabe 1978 ist die Motorhaube leicht über die Doppelscheinwerfer gezogen. 1982 gibt es eine 2,8-RS-Ausführung mit Abgas-Turbolader und 188 PS. Der Super-GT, der letzte sportliche Capri, bietet Leichtmetallfelgen, Heckspoiler und Stoßstangenhörner serienmäßig. Insgesamt werden vom Capri II (1974 bis 1985) 729 000 Stück gebaut. Die Preise bezogen auf das Jahr 1975: von 10 890 DM für den 1300er Capri bis 17 645 DM für den Ghia 3000.

Der Capri gehört ganz sicher zu den bemerkenswertesten Automobilschöpfungen der Nachkriegszeit. Viele Exemplare werden uns noch über Jahrzehnte erhalten bleiben. Besonders attraktive Modelle, wie z. B. der RS 2600, gelten heute längst als gefragte Liebhaberfahrzeuge.

Ford Capri S von 1976 (oben)
und Capri II 2,3 Liter V-Sechszylindermotor mit 108 PS und 183 km/h Spitze von 1978 (unten)

Ford Probe GT
ab 1990

Fords Kooperation mit Mazda entspringt der Probe GT, der inzwischen in seiner zweiten Version auf deutschen Straßen zu finden ist. Der Version mit dem vorne quer eingebauten Vierzylinder-Motor ist eine zweite mit ebenfalls vorn quer eingebauter Vierventil-V6-Maschine mit 2497 ccm Hubraum, 162 PS bei 5500 U/min und einer Höchstgeschwindigkeit von 220 km/h gefolgt, die in 8,5 Sekunden von null auf 100 beschleunigt. Die Karosserie, die dem deutschen Geschmack nicht sehr entgegen kam, zeigt sich jetzt wesentlich attraktiver. Der Probe hat Frontantrieb und ist serienmäßig mit ABS und zwei Airbags ausgerüstet. Im Innenraum ist vorn ausreichend Platz, hinten reicht der Raum für Kinder. 1993 kann der als Capri Nachfolger bezeichnete Ford Probe in Deutschland auf 5 500 Zulassungen verweisen.

Ford Probe GT (oben und unten)

41

GLAS

Berühmt wird Glas in den fünfziger Jahren mit dem Winzling Goggomobil, der mit seinen 250 ccm die deutsche Kleinwagenszene der Wirtschaftswunderzeit beherrscht. Glas will auch richtige Autos bauen, doch das von Vater und Sohn geführte Unternehmen kann sich gegen die finanzstarke Konzern-Konkurrenz nicht durchsetzen und wird 1966 von BMW übernommen.

Glas 1304 Cabriolet (Automuseum Ibbenbüren)

Glas GT, BMW GT
1964 bis 1967

Der italienische Designer Pietro Frua läßt seinem schöpferischen Können freien Lauf, das Resultat debütiert 1963 auf der Frankfurter IAA. Mit Begeisterung nehmen Fachpresse und Publikum das neue Coupé Glas 1300 GT auf. Für Frischluftfans präsentiert Glas 1965 die Cabrioversion. Mit diesem Wagen rücken die Dingolfinger dem Porsche 356 auf den Pelz. Seine Fahrleistungen sind fast ebenbürtig, hinzu kommt der günstigere

Glas 1304 TS
1963 bis 1965

Beflügelt von dem Erfolg des Goggomobils wagt sich Hans Glas 1958 an ein 600er/700er Modell, den Isar, 1962 folgt der Glas 1004, ein Jahr später der 1204 und 1965 der 1304. Als durchaus sportlich kann man die TS-Versionen bezeichnen, die zu den 04ern jeweils als Coupé und Cabrio angeboten werden. Besonders schnittig sehen sie nicht gerade aus, aber hier ein Beispiel für die Leistung: der 1304 TS verfügt über einen Vierzylindermotor mit 75 PS bei 5500 U/min und beschleunigt von 0 auf 100 km/h in 12 Sekunden.

Preis. Angetrieben wird der 1300 GT von dem aufgebohrten Vierzylindermotor mit 75 PS bei 5500 U/min, Spitze 170 km/h.

1965 bekommt er einen größeren Bruder, den 1700 GT, der mit 100 PS bei 5500 U/min eine Spitzengeschwindigkeit von 183 km/h erreicht. Der 1300 GT wird 1964 als Coupé für 11 600 DM und als Cabrio für 12 500 DM angeboten, der 1700 GT für 13 850 bzw. 14 750 DM. Der Glas GT behauptet sich auf dem Markt, preisliche Alternativen sucht man zu dieser Zeit vergebens. Vielleicht ist das der Grund, weshalb der GT unter der BMW-Ägide zunächst weitergebaut wird. Doch vom "Glas-Anteil" bleiben nur noch die Karosserie und die Vorderachse mit Doppelquerlenkern. Motor und Getriebe und die hintere Einzelradaufhängung stammen vom BMW 1600 TI.

Glas 1300 GT Cabriolet aus dem Automuseum Bad Rothenfelde (oben)
und BMW 1600 GT aus dem Automuseum Ibbenbüren

HANOMAG

Die bedeutende Hannoversche Maschinenbau AG, die u. a. Lastwagen, Lokomotiven und Traktoren in der langen Geschichte ihres Bestehens herstellt, befaßt sich von 1925 bis zum Zweiten Weltkrieg mit dem Automobilbau. Prominentester Vertreter: das Hanomag "Kommißbrot", ein 500 ccm-Wägelchen mit 10 PS, das mit seinem Mittelscheinwerfer recht drollig aussieht, aber immerhin der erste deutsche Kleinwagen mit Pontonform ist und eine Auflage von ca. 16 000 Exemplaren erreicht

Der Hanomag Sportzweisitzer "Kommißbrot" mit Holzspeichenrädern in Aktion (oben) und als Zeuge eines sportlichen Flirts (unten)

Hanomag Sportzweisitzer 2/10 PS 1927 bis 1928

"Sportzweisitzer" ist schon eine tolle Bezeichnung für ein Einzylinder-Wägelchen mit 10 PS bei 2500 U/min, das gerade mal 60 km/h erreicht. Vielleicht "Sport", weil man damit zum Tennisspielen fährt? Wie dem auch sei, mit seinem weißen Outfit ist das Kommißbrot in Sportausführung für die Zeitgenossen der goldenen zwanziger Jahre sicher ein attraktives Fortbewegungsmittel. Der Sportzweisitzer wird wahlweise mit oder ohne Türen angeboten und kostet 2 300 RM einschließlich Steuer: Damit ist er für den Durchschnittsbürger erschwinglich.

Horch

Horch 853-Sportcabriolets: Oben die Version von
1937, darunter der 853 B von 1938

In einem alten Pferdestall baut August Horch
schon 1900 sein erstes Auto. Richtig berühmt
werden die teuren Horch-Automobile allerdings
erst in den dreißiger Jahren. Prominente lassen
sich gerne mit den noblen Karossen ablichten
und auch in Kinofilmen kann man sie bewun-
dern. 1931 geht Horch in der Auto-Union auf, jenem Konzernzusammenschluß, der die sächsi-
schen Marken Audi, DKW, Horch und Wanderer
sicher durch die Wirtschaftskrise steuern soll. In
dieser Zeit beginnt bei Horch der Bau der schweren, repräsentativen 5- und 6-Liter-Limousinen,
die auch als schnittige Sport-Coupés und -Cabrio-
lets für zahlungskräftige Sportwagenfreunde auf
den Markt kommen.

Horch 853 Sportausführungen 1937 bis 1939

Besonders erfolgreich sind die Achtzylinder-
Typen mit ihrem 120 PS-Fünflitermotor. Am berühmtesten wird der Horch 853, der bereits in seiner Normalversion besticht und in den besonders
schwungvoll gezeichneten Sportkarosserien von
Erdmann & Rossi – als Stromliniencoupé und Cabriolet – seine Vollendung findet. Allerdings sind
die 2600 kg schweren 853er nicht ganz so schnell
wie sie aussehen: Bei 135 km/h bleibt die Tacho-
nadel stehen; der Preis hält sich dafür auch in
Grenzen: 14 900 RM.

Horch 853 Stromliniencoupé (oben) und 853 Sportcabriolet von Erdmann & Rossi (unten)

ISDERA

Daß eine völlig neue Sportwagenmarke ihre Pforten öffnet, ist auch im Autoland Deutschland eine Seltenheit. ISDERA steht für "Ingenieurbüro für Styling, Design und Racing". Dahinter steht Eberhard Schulz aus Leonberg, ein früherer Porsche-Ingenieur, der u. a. 1978 die Mercedes-Studie CW311 (V8-Mittelmotor-Sportwagen mit Flügeltüren) entwirft. 1983 stellt Schulz seinen ersten eigenen Sportwagen vor. Inzwischen sind mehrere Modelle im Rennen um die Gunst zahlungskräftiger Sportwagenenthusiasten, die bei ISDERA individuell bedient werden: Sie können sich nicht nur die ganz persönliche Farbe auswählen, ihnen wird sogar die Sitzposition auf den Leib maßgeschneidert. Für den Antrieb der ISDERA-Sportwagen, die in wenigen Stückzahlen gebaut und zum größten Teil exportiert werden, sorgen hochkarätige Mercedes-Motoren.

ISDERA imperator 108i (oben) und ISDERA spyder 036i (unten)

ISDERA Spyder
ab 1983

Ein offener Zweisitzer ohne Windschutzscheibe mit Mercedes-Motor, der vor der Hinterachse eingebaut ist. Zunächst wird der Spyder 033i mit 140 PS für 70 000 DM angeboten. Es folgt der 035i mit Fünfzylinder-Turbomotor und 240 PS für 90 000 DM. 1986 gibt es den Spyder 033-16 mit 2,3 Liter-16-Ventil-Motor für 100 000 DM. Der 970 kg schwere 036i, der auch 1994 noch im Programm ist, wird von einem Dreiliter-Sechszylindermotor mit 231 PS angetrieben, der eine Spitzengeschwindigkeit von 262 km/h erreicht. Der Preis: 200 000 DM, ohne Extras versteht sich.

ISDERA Imperator
ab 1984

Als echter Super-Sportwagen betritt der 1410 kg schwere Imperator die Bühne: Das 5 Liter-Geschoß mit 330 PS und V8-Mittelmotor beschleunigt von null auf 100 in 5,8 Sekunden, erreicht eine Spitze von 292 km/h und verfügt, wie der legendäre Mercedes 300 SL der 50er Jahre, über Flügeltüren. Der Preis: 400 000 DM (1994).

ISDERA Commendatore
ab 1993

Wer geglaubt hatte, mit dem Imperator habe Eberhard Schulz das Maximum erreicht, hat sich getäuscht. Zum zehnjährigen Firmenjubiläum präsentiert ISDERA einen Sportwagen für 800 000 DM. Der 1480 kg schwere sechsgängige Commendatore 112i ist mit dem Mercedes Vierventil-V12-Motor mit 6000 ccm Hubraum und 408 PS ausgestattet, erreicht eine Spitze von 342 km/h und beschleunigt von null auf 100 in 4,8 Sekunden! Obwohl man sehr genau hinsehen muß, um Front- und Heckseite zu unterscheiden, ist der Commendatore in der Tat ein "Kunstwerk von faszinierender Eleganz" (Prospekt).

ISDERA spyder 036i

ISDERA imperator 108i und ISDERA commendatore 112i

MAICO

"Kraftvoll, geräumig, gediegen, wirtschaftlich – das ist der schöne und elegante Maico 500" verspricht der Verkaufsprospekt. Die Brüder Otto und Wilhelm Maisch hatten es tatsächlich geschafft, aus der fünf Jahre alten Konstruktion des gescheiterten Champion ein vernünftiges Automobil zu zaubern. Der 500 debütiert 1955 auf der IAA, gelangt aber erst ein Jahr später zur Serienfertigung. Vorserien mit 400 ccm Hubraum entstehen gleich nach der Messe, es bleibt also genügend Zeit, Kinderkrankheiten auszumerzen. Trotzdem stellen sich bald Mängel ein, immer häufiger kommt es zu Lenkhebel-Brüchen. Um die Kunden nicht zu verärgern, sorgt man für großzügige Kulanzabwickelungen, die aber die sinkende Nachfrage nicht mehr bremsen können. Allmählich geht den Brüdern finanziell die Puste aus und Maico ergeht es wie allen "Kleinen" der fünfziger Jahre: Sie können sich nicht gegen die mächtige Finanzkraft der Großen durchsetzen und verschwinden vom Markt.

Der Anfangserfolg ihres 500er beflügelt die Brüder Maisch zur Entwicklung eines Sportwagens. Die Schweizer Karosseriebauer Gebrüder Beutler werden beauftragt und das Ergebnis verschlägt sogar allen Konkurrenten die Sprache: Eine avantgardistische Cabriolet-Karosserie aus Kunststoff schmückt das Chassis des Maico 500 Sport. Das zweisitzige Cabriolet ist mit einem 452 ccm-Heinkel-Zweizylindermotor mit 20 PS bei 4500 U/min ausgestattet, der in der Spitze 110 km/h fährt.

1957 auf der IAA vorgestellt, träumen die Maico-Inhaber bereits von einer Serienproduktion. Das Interesse vieler potentieller Käufer ist da, doch die Automobilproduktion wird wegen des 1958 gegen Maico eingeleiteten Konkursverfahrens eingestellt. Der Traum vom offenen Sportwagen, der etwa 5 400 DM kosten sollte, realisiert sich lediglich in vier Prototypen, dafür aber in Tausenden von Prospekten.

Nur ein Traum: Maico 500 Sport

MAYBACH

Eine Luxusmarke, die man in einem Atemzug mit Horch, Wanderer und Daimler-Benz nennen muß. Zunächst bekannt für Luftschiffe und Flugzeugmotoren, beginnt Wilhelm Maybachs Sohn Karl 1922 mit dem Automobilbau unter eigenem Namen. Er startet mit dem W3, der einen elastischen Motor ohne Getriebe besitzt. Mitten in der Weltwirtschaftskrise erscheint 1929 der berühmte "Zeppelin" mit einem 8 Liter-Zwölfzylindermotor. Große Absätze sind mit dem Nobelmobil nicht zu machen – lediglich 340 Wagen finden in der zwölfjährigen Bauzeit ihre Käufer. Deshalb muß ein kleinerer Wagen ins Programm. 1935 beginnt die Produktion des SW35 (SW wie Schwingachse). Maybachs qualitativ hochwertigen Automobile gehören zweifellos zu den besten ihrer Zeit. Die Stückzahlen halten sich jedoch stets in Grenzen: Insgesamt werden nur 2000 Maybachs gebaut. Nach dem Zweiten Weltkrieg wird Maybach von Daimler-Benz übernommen.

Maybach SW 38 Sportcabriolet 1936 bis 1939

Maybachs "Kleiner" kommt zunächst mit einem 3,5 Liter-Sechszylindermotor aus, aber um die 140 PS zu halten, muß der Hubraum vergrößert werden und es folgt der 2100 kg schwere 3,8 Liter mit 140 PS bei 4500 U/min, der eine Höchstgeschwindigkeit von 140 km/h erreicht. Karosserien für Sportcabriolets liefern Gläser und Erdmann und Rossi. Das zweisitzige Sportcabriolet wird zu dem auch für damalige Zeiten recht hohen Preis von 21 185 RM angeboten. Luxuswagen dieser Klasse können sich Privatleute kaum leisten. Viel häufiger schmücken sich Staatsdiener oder Direktoren großer Konzerne mit solchen Nobelgefährten.

51

MERCEDES-BENZ

10/30 PS Benz Sportwagen von 1921 (oben) und
6/18 PS Benz Sportwagen von 1921 (unten)

Wenn man von den beiden Männern spricht, die 1886 – unabhängig voneinander und ohne sich zu kennen – die ersten Automobile bauten, weiß jeder Autointeressierte, daß es sich um Gottlieb Daimler und Carl Benz handelt. Weniger bekannt sein dürfte, mit welch lapidarem Satz die Presse diese welt-bewegende Erfindung meldet: "Ein mittels Ligroingas zu betreibendes Veloziped, welches in der Rheinischen Gasmotorenfabrik von Benz & Cie. konstruiert wurde, wurde heute früh auf der Ringstraße probiert..." (*Neue badische Landeszeitung* am 3. Juli 1886). Inzwischen gibt es weltweit Hunderte von Gazetten, die sich regelmäßig ausschließlich mit dem Thema Automobil beschäftigen. Nimmt man die Motorrad- und Nutzfahrzeugzeitschriften hinzu, kann man allein an einem gut sortierten deutschen Kiosk unter rund 50 verschiedenen wählen. Auch dieser Hinweis macht vielleicht deutlich, mit welchen Konsequenzen sich die Erfindungen von Daimler und Benz in unseren Alltag hineingefahren haben. Die für Sportwagenfreunde interessantesten Schöpfungen dieser legendären Marke beginnen hier mit einem Typ, dem die Leute von Benz auch nur eine lapidare Bezeichnung geben: 6/18 PS.

Benz Sportwagen 6/18 PS 1918 bis 1921

Die Jahre nach dem Ende des Ersten Weltkriegs sind vom Währungsverfall geprägt, die Automobilbranche stagniert. Bei Benz in Mannheim baut man auf Bewährtes, die Typenvielfalt wird rapide reduziert. Trotzdem wird 1918 ein solider Sportwagen mit einem 1570 ccm-Vierzylindermotor angeboten, der mit 18 PS bei 3200 U/min eine Spitzengeschwindigkeit von 80 km/h erreicht. Mit dem Sporttyp 10/30 PS steigt Benz 1921 wieder bei internationalen Rennen ein.

Benz Sportwagen 6/18 PS (oben) und Mercedes Sportwagen Typ 10/40/65 PS mit Kompressor (unten)

Mercedes Sportwagen 10/40/65 PS von 1922 (oben), Mercedes 1,5 Liter-Vierzylinder-Sportwagen von 1923 (unten) und Kompressor Modell "S" von 1927 (ganz unten)

Mercedes Sportwagen 10/40/65
1922 bis 1924

Bei Mercedes in Stuttgart macht man gute Erfahrungen mit dem Gebläse der 10/30 PS Mercedes-Knight-Motoren. Deshalb werden die 6/25 PS- und 10/40 PS-Ventilmotoren serienmäßig mit Kompressor ausgerüstet. Der 10/40/65 PS wird in dieser Ausführung erstmals auf der Berliner Automobilausstellung 1921 gezeigt. Die Sportversion folgt 1922. Sie verfügt über einen 2614 ccm-Vierzylindermotor mit 40 PS bei 2400 U/min ohne Kompressor und 65 PS bei 2800 U/min mit Kompressor. Höchstgeschwindigkeit: 135 km/h.

Mercedes S, SS, SSK, SSKL
1926 bis 1932

Die Kompressorwagen sind nach dem historischen Zusammenschluß von Daimler und Benz die interessantesten Neuerscheinungen. Das "S" steht für Sport, das "SS" für Super Sport, das "SSK" für Super Sport Kurz und das "L" für Leicht. Alle Versionen sind mit einem Sechszylindermotor ausgestattet. Der "S" verfügt über 6800 ccm Hubraum, die anderen über 7065 ccm.

Der "S" wird 1926 mit 120 bzw. 180 PS (Kompressor) ins Rennen geschickt und erreicht in der Spitze 170 km/h. 1928 folgt eine 170 PS- bzw 225 PS-Version, die auf 190 km/h kommt. Der Preis liegt mit 30 000 Reichsmark jenseits der Erschwinglichkeitsgrenze für normal Sterbliche. Aber 166 Käufer findet die S-Version trotzdem.

Der "SS" startet 1928 mit zwei Ausführungen: 160 bzw. 200 PS und 185 km/h und 170 bzw. 225 PS und 190 km/h. Die Preise: Zwischen 35 000 und 44 000 RM. Gebaut werden 146 Exemplare.

Der "SSK" kommt 1928 mit 170 bzw. 225 PS und 192 km/h und 1929 mit 180 bzw. 250 PS und ebenfalls 192 km/h. Dieser Sportzweisitzer ist für 33 000 RM zu haben und wird 42 mal gebaut.

Der "SSKL" schießlich erscheint 1929 mit 240 bzw. 300 PS und erreicht 235 km/h. Er ist mit 1500 kg Gewicht der leichteste des Quartetts und wird als "Rennsport-Zweisitzer" 12 mal zum Preis von rund 40 000 Reichsmark abgesetzt.

Mercedes-Benz "S" mit Kompressor (oben) und Merdedes-Benz "SS"-Cabriolet von Castagna

Klassische Sportwagen Ende der zwanziger / Anfang der dreißiger Jahre:
Mercedes-Benz "SS" von 1932 (oben), Mercedes-Benz "SSK" von 1928 (Mitte)
und Mercedes-Benz SSKL von 1931 (unten)

Mercedes-Benz 500 K / 540 K
1933 bis 1939

Die Kompressorwagen werden 1933 zunächst mit einer kleinen Serie des Sporttyps 380 weitergeführt. Es ist ein Vollschwingachser mit Aufhängung der Vorderräder in Parallelogramm-Lenkern, die sich nun auch vorne der Schraubenfedern bedienen. Aus dem 380 wird der rassige 500 K, mit dem die Einzelradaufhängung auf die Kompressorwagen ausgedehnt wird. Der Nachfolger 540 K setzt die Reihe der schnellen Kompressorwagen fort und beschließt sie mit Beginn des Zweiten Weltkrieges.

Beide, der 500 K und der 540 K, sind mit einem Achtzylindermotor ausgestattet. Der 500 K mit 5018 ccm Hubraum leistet 100 bzw. 160 PS (Kompressor) und erreicht eine Höchstgeschwindigkeit von 160 km/h. Der 540 K verfügt über 5401 ccm Hubraum und 115 bzw. 180 PS. Höchstgeschwindigkeit: 170 km/h. Beide Versionen sind als Roadster, Coupé und Cabriolet erhältlich. Die Preise liegen zwischen 22 000 DM und 28 000 DM. Gebaut wurden insgesamt 813 Stück dieser Klasse-Wagen.

Oben: Mercedes-Benz Sporttyp 380, Mitte und unten: Mercedes-Benz Sporttyp 500 K als Coupé

Zwei starke Typen: Mercedes-Benz 540 K als 2-3 sitziges Cabriolet (oben)
und Mercedes-Benz 540 K als zweisitziger Spezial-Roadster

Mercedes-Benz 150 H Sport
1934 bis 1936

Zu Beginn der dreißiger Jahre wird mit der Weiterentwicklung des Vierzylinder-Heckwagens 130 H begonnen. Ein Gebrauchsfahrzeug soll es werden, das weite Käuferkreise anlockt. Es entsteht ein kleiner viersitziger Wagen von 1000 kg mit 1,3 Liter-Heckmotor mit angebautem vierstufigen Schnellganggetriebe, Differential und Einzelradaufhängung. Ergänzt wird der Mercedes-"Volkswagen" von einem knuffigen 1,5 Liter-Sportzweisitzer mit obengesteuertem Motor mit 55 PS bei 4500 U/min, der eine Höchstgeschwindigkeit von 125 km/h erzielt. Der chice Roadster mit Speichenrädern und seitwärts außen angebrachtem Reservereifen kostet zwar nur 6 600 RM, aber mit einer Auflage von 25 Stück ist er kein großer Wurf.

Mercedes-Benz Heckmotor-Sportroadster 150 H (oben und unten)

Mercedes-Benz 300 SL
1954 bis 1963

Nach langjähriger Pause kommt 1952 wieder ein Mercedes-Sportwagen heraus, der 300 SL (Sport-Leicht), der nach Bewährung bei großen Rennen ab 1954 serienmäßig hergestellt wird. Der 2996 ccm-Sechszylindermotor mit 215 PS bei 5800 U/min und einer Spitzengeschwindigkeit von 260 km/h, aus dem des 300 S entwickelt, verfügt über direkte Benzineinspritzung in die einzelnen Zylinder. Ölhydraulische Bremsen mit automatischer Nachstellung und zwangsgekühlten Turbotrommeln gestatten die entsprechende Beherrschung und Verzögerung dieses außerordentlich schnellen Fahrzeugs, das von null auf 100 km/h in 10 Sekunden beschleunigt. Das Coupé mit nach oben öffnenden Flügeltüren wird bis 1957 gebaut. Von 1957 bis 1963 gibt es einen Roadster mit normalen Türen. 1958 ist ein abnehmbares Coupé-Dach im Programm. Noch heute erregt der faszinierende 300 SL Aufsehen, wo immer er erscheint. Als Sammelobjekt ist er kaum bezahlbar. 1 400 Coupés und 1858 Roadster werden produziert. Die Preise: Flügeltürer 29 000 DM, der Roadster kostet 32 500 DM.

Mercedes-Benz 300 SL: Oben der Roadster, in der Mitte und unten der Flügeltürer

Mercedes Benz 300 SL in seiner schönsten Form: als Flügeltürer (oben)
und in der Rennsportausführung von 1952 (unten)

Mercedes-Benz 190 SL
1955 bis 1963

Wegen des Erfolges des 300 SL kommt man in Stuttgart auf die Idee, auf dessen Basis ein preiswerteres Modell anzubieten. Gespart wird am Motor und am Fahrwerk. Der 190 SL erhält den robusten 1,9 Liter-Vierzylindermotor mit 105 PS bei 5700 U/min und 171 km/h Spitze und die Rahmenbodengruppe des gerade in Serie gegangenen 180er Pontonmodells. Der Touren-Sport-Zweisitzer avanciert schnell zum beliebtesten Sportwagen der 50er Jahre; er wird 25 881 mal gebaut. Der Roadster wird für 16 500 DM angeboten, mit abnehmbarem Coupédach kostet der 190 SL 17 650 DM.

Mercedes-Benz 190 SL mit abnehmbarem Coupé-dach (oben), als Roadster (Mitte) und in der Renn-sportausführung von 1954 (unten)

Der beliebteste deutsche Sportwagen der fünfziger Jahre: Mercedes-Benz 190 SL

Mercedes-Benz 230 SL (oben) und 280 SL (unten) als Hardtop-Variante

Mercedes-Benz
230 SL, 250 SL, 280 SL
1963 bis 1971

Als Nachfolger des von 1955 bis 1963 gebauten 190 SL offeriert Mercedes-Benz im März 1963 den neuen, wesentlich stärkeren 230 SL. Er paßt sich karosseriemäßig hervorragend dem kantigen Limousinen-Design an und verzichtet in jeglicher Beziehung auf den barocken 190 SL-Stil. Ganz offen bietet der 230 SL pures Frischluftvergnügen. Bei Regen läßt sich schnell das unter einer Klappe vollversenkte Stoffdach ausklappen und mit dem lieferbaren Hardtop - es zählt noch heute zu den besten Aufsatzdächern - wandelt sich der Roadster in eine wetterfeste Reiselimousine. Beim 230 SL ist die Rahmenbodengruppe halb selbsttragend mit der Karosserie verschweißt. Mercedes übernimmt für diesen Wagen die Vorder- und Hinterradaufhängung des Modells 220, also Doppelquerlenker vorn und die hintere Eingelenk-Pendelachse. Auch der überarbeitete, aufgebohrte Sechszylindermotor mit 150 PS bei 5500 U/min stammt vom 220 und treibt den 230 SL mit höherer Verdichtung und anderer Nockenwelle schnell zum 200 km/h-Bereich. Beschleunigung: von null auf 100 in 11 Sekunden. Der 230 SL wird 19 831 mal für 22 200 DM verkauft.

Mercedes-Benz 230 SL, 250 SL, 280 SL als Hard-top-Ausführung und als Cabriolet

1967 löst der 250 SL den 230 SL ab. Seine Kurbelwelle ist statt vierfach siebenfach gelagert. Verzögert wird das 1360 kg schwere Fahrzeug jetzt von vier Scheibenbremsen. Als Antriebsaggregat übernimmt Mercedes hier die unveränderte Maschine der 250 SE-Limousine mit 150 PS bei 5500 U/min und 195 km/h Spitze. Viergang- oder Automatikgetriebe werden durch ein auf Wunsch lieferbares Fünfganggetriebe ergänzt. Der 250 SL wird nur ein Jahr gebaut, erreicht die Stückzahl 5 196 und kostet 22 800 DM.

Der 280 SL kommt 1968 mit 170 PS bei 5750 U/min und 200 km/h Spitze auf den Markt. Er beschleunigt in 11 Sekunden von null auf 100 km/h. Das Fahrwerk ist weicher abgestimmt, die Ausstattung reichhaltiger und der Benzindurst noch größer. Aber dem hat Daimler-Benz schon beim 250 SL vorgebeugt und den Benzintank von 65 auf 82 Liter vergrößert.

Mercedes-Benz
350 SL, 450 SL, 280 SL, 380 SL, 500 SL
1971 bis 1985

**Mercedes-Benz 280 SLC mit vier Sitzen (oben),
der Roadster 450 SL mit abnehmbarem Coupédach**

Im Jahr des ersten bemannten Mondfahrzeugs bringt Mercedes die dritte SL-Generation auf die Erde. Definiert wird der sogenannte SL-Effekt als "Sportlichkeit mit Limousinenkomfort". Die "sportlichen Zweisitzer für Individualisten" sind offen oder mit Coupédach zu fahren. Als erster erscheint der 350 SL mit 3,5 Liter-V8-Motor mit 200 PS bei 5800 U/min und 212 km/h Spitze. Die gleichermaßen rassige wie repräsentative Formgebung ist aerodynamisch noch günstiger geworden. Erwähnenswert sind das neue Vierspeichenlenkrad und die Schräglenker-Pendel-Hinterachse. Ebenfalls 1971 kommt der 350 SLC viersitzig mit festem Coupédach und längerem Radstand hinzu. Die Preise der 3,5 Liter-SLs liegen zwischen 30 000 und 50 100 DM.

1973 folgen die 4,5 Liter-Typen 450 SL und 450 SLC mit 225 PS bei 5000 U/min und 218 km/h Spitze. Ihre Preisskala reicht von 36 600 DM bis 65 500 DM.

Wegen der Ölkrise werden die SLs 1974 in abgespeckter Version als 2,8 Liter-Modelle mit einem Sechzylindermotor auf den Markt gebracht. Der 280 SL verfügt über 185 PS bei 6000 U/min und schafft 207 km/h. Der 250 SLC ist etwas schwerer und kommt nur auf 205 km/h Spitze. Die 280er erhalten 1980 Fünfganggetriebe, alle anderen werden mit Viergangautomatik geliefert. Die Preise: von 32 500 DM bis 57 000 DM.

1980 erscheinen die 5 Liter-Typen 500 SL und 500 SLC. Sie sind wieder mit dem V8-Motor ausgestattet, der 240 PS leistet und das 1600 kg schwere Fahrzeug zu einer Höchstgeschwindigkeit von 225 km/h treibt. Das hat seinen Preis: Man kann für die Grundversionen 61 900 DM bis 90 800 DM ausgeben.

In den 14 Jahren von 1971 bis 1985 werden insgesamt knapp 250 000! der exklusiven Sportwagen gebaut und verkauft. Die Ölkrise und das dadurch beschleunigte Umweltbewußtsein sind an dieser Zahl nicht ablesbar.

Mercedes-Benz mit abnehmbarem Coupédach: Oben der 280 SL, unten der 350 SL

Mercedes-Benz
300 SL, 420 SL, 500 SL
1985 bis 1989

Eigentlich sollte der legendäre 300 SL Flügeltürer der fünfziger Jahre bereits zu Beginn der siebziger Jahre seinen Nachfolger bekommen. Doch der C 111 mit 365 PS-Wankelmotor kommt nicht aus den Startlöchern. Die Ölkrise und neue Abgasbestimmungen verhindern die Weiterentwicklung. Es bleibt bei 13 Versuchsexemplaren, von denen keines verkauft wird. So müssen sich 300 SL-Fans bis 1985 gedulden, bevor sie wieder ein Neufahrzeug mit dieser Bezeichnung erwerben können.

Der 300 SL ist mit einem Sechzylinder-Einspritzmotor mit 188 PS bei 5700 U/min (mit Katalysator 180 PS) ausgestattet, der ihn auf 200 km/h bringt. Das 1530 kg schwere Fahrzeug beschleunigt in 10 Sekunden von null auf 100 km/h. Es ist – wie seine Brüder – als zweisitziger Roadster ausgelegt. Dazu gibt es serienmäßig ein abnehm-

bares Coupédach und das voll versenkbare Stoffverdeck. Gebaut wird der neue 300 SL 13 742 mal, die Preise liegen zwischen 63 500 DM und 75 200 DM.

Der 420 SL wird – wie der 500 SL – von einem V8-Einspritzmotor angetrieben. Er leistet 218 PS bei 5200 U/min (mit Katalysator 223 PS) und kommt auf 210 km/h Spitzengeschwindigkeit. Beschleunigung: Von null auf 100 km/h in 9,5 Sekunden. Der 420 SL erreicht nur eine Auflage von 2148 Exemplaren bei Preisen von 80 800 DM bis 91 800 DM.

Der 500 SL schließlich, der mit 245 PS bei 4750 U/min (mit Katalysator 223 PS) eine Höchstgeschwindigkeit von 225 km/h erzielt, beschleunigt trotz seiner 1610 kg Gewicht in nur 8 Sekunden von null auf 100 km/h. Die Preise von 89 100 DM bis 100 900 DM können 49 347 Sportwagenliebhaber nicht vom Kauf des 500 SL abhalten. Der teuerste ist der meistgekaufte SL dieser Baureihe.

Kaum zu unterscheiden: Mercedes-Benz 420 SL und 500 SL mit Heckspoiler

Der verhinderte und der echte Nachfolger: Mercedes-Benz C 111 (oben) und 300 SL (unten)

Mercedes-Benz
300 SL, 500 SL, 600 SL
ab 1988

Die SL-Reihe präsentiert sich im Herbst 1988 als völlig neue Sportwagengeneration. Die Linienführung ist das Meisterstück von Chefstilist Bruno Sacco. Ihm gelingt die perfekte Synthese Mercedes-typischer Eleganz und sportlicher Deftigkeit. Kein Zweifel: das ist der große Wurf für die neunziger Jahre. Zunächst werden drei Leistungsklassen angeboten:

– der 300 SL mit Sechszylindermotor, 190 PS bei 5700 U/min, 230 km/h Spitze, Beschleunigung von null auf 100 km/h in 9,5 Sekunden

– der 300 SL-24 mit Sechszylindermotor, 231 PS bei 6300 U/min, 240 km/h Spitze, Beschleunigung von null auf 100 km/h in 8,5 Sekunden

– der 500 SL mit V8-Motor, 326 PS bei 5500 U/min, 250 km/h Spitze, Beschleunigung von null auf 100 km/h in 7 Sekunden.

Auch für die neuen SL gibt es ein abnehmbares Coupédach, neu sind das elektrohydraulische Verdeck und der im Bedarfsfall automatisch ausfahrende Überrollbügel. Obwohl die Produktion im Bremer Werk gesteigert wird, sind die SLs auf Jahre hinaus ausverkauft und das zu Preisen von 92 500 DM bis 146 800 DM. Bis Mitte 1994 sind mehr als 104 900 Exemplare ausgeliefert.

Im Juli 1992 übernimmt der 600 SL mit Zwölfzylindermotor die Leistungsspitze des Trios. 395 PS bei 5200 U/min befähigen ihn zu einer Spitzengeschwindigkeit von 250 km/h und einer Beschleunigung von null auf 100 km/h in 6,1 Sekunden. Das hat seinen Preis: 217 740 DM für die Grundversion ohne Extras.

Mercedes-Benz 300 SL und Röntgenaufnahme des 500 SL

Mercedes-Benz SLK
ab 1996

"Weltpremiere für eine seriennahe Studie" und "Puristischer Roadster mit Erlebnisqualitäten" überschreiben die Stuttgarter eine Pressemitteilung zur Vorstellung ihres kompakten Sportwagens, der ab 1996 ausgeliefert werden soll. "Wir zeigen eine zukunftsorientierte Roadster-Studie, die in einmaliger Kombination puristische Fahrfreude mit Mercedes-typischen Sicherheitsmerkmalen verbindet", begründet Bruno Sacco das SLK-Konzept.

Der kleine SL wird mit einem 2,2 Liter-Vierzylinder-Vierventilmotor mit 150 PS starten. Er erhält ein per Knopfdruck in den Kofferraum faltbares Hardtop. Mit dem anvisierten Preis von 65 000 DM wird der SLK den Kompakten von Porsche und BMW Konkurrenz machen. Obwohl noch nicht serienreif "läßt der kleine Roadster schon jetzt erkennen, daß da viel Fahrvergnügen auf die Kundschaft wartet" *(auto motor und sport)*.

Er soll 1996 starten: der kompakte Roadster Mercedes-Benz SLK

NSU

Mit dem Prinz gelingt der Neckarsulmer Motorradfabrik 1958 erneut der Einstieg ins Automobilgeschäft. Das Kleinmobil will sich einen Platz erkämpfen in einem Markt, der von etablierten Kleinwagen beherrscht wird. Das gelingt mit Bravour. Die keß aussehende Karosserie, der verdoppelte, bewährte NSU-Motorradmotor, die gute Straßenlage und die temperamentvolle Leistung sorgen für ein positives Gesamturteil. Daran können auch die schlechte Federung und die Seitenwindempfindlichkeit nichts ändern. Nach dem Bau einer Reihe erfolgreicher Kleinwagen und dem legendären Ro 80 wird NSU Anfang 1969 unter der Regie des VW-Konzerns mit der Auto-Union zur "Audi NSU Auto Union AG" zusammengeschlossen.

Ein pfiffiger kleiner Sportwagen: NSU Sportprinz

NSU Sportprinz
1959 bis 1967

Der Sportprinz wird von keinem geringeren als dem italienischen Meisterkarossier Bertone entworfen. Das Fahrwerk entspricht weitgehend dem des NSU Prinz 4. Der luftgekühlte 30 PS-Motor liegt im Heck. Die Höchstgeschwindigkeit von 130 km/h verdankt der Sportprinz seiner niedrigen Bauhöhe und der aerodynamisch geformten Karosse. In seiner relativ langen Bauzeit von acht Jahren werden 20 831 Sportprinzen produziert. Das hört sich nicht schlecht an, aber die auflagenverwöhnten Neckarsulmer sind damit nicht zufrieden: sie senken den Preis von ursprünglich 6 500 DM auf 5 135 DM, um ihr Non-Profit-Auto schneller absetzen zu können.

NSU Wankel Spider
1964 bis 1967

Bereits 1960 stellt Bertone auf dem Turiner Salon eine Spider-Studie des Sportprinzen vor. Drei Jahre später erregt der kleine Spider wieder großes Aufsehen: Er ist das erste Serienfahrzeug mit Wankel-Kreiskolbenmotor. Diese Sensation verbirgt sich im Heck des Wagens, unter einer Klappe im flachen Kofferraum. Zunächst sieht man nur das Getriebe und erst aus der Lage von Vergaser und Zündunterbrecher läßt sich ahnen, daß eine am Getriebe angeflanschte flache Scheibe der ventillose Motor sein muß. Unter der vorderen Haube sind der Wasserkühler und ein über Thermostat geregelter Ventilator untergebracht, der sich bei Bedarf automatisch zuschaltet. Der Kreiskolbenmotor verfügt über drei Kammern mit jeweils 500 ccm Hubraum. Er leistet 50 PS bei 6000 U/min und treibt den Spider auf 152 km/h Spitze. Trotz der revolutionären Technik wird der Wankel Spider kein Verkaufserfolg. Konstruktionsbedingte Schwächen der Dichtleisten sorgen für ein negatives Image. Lediglich 2 375 Exemplare werden gebaut, die letzten – wie beim Sportprinz – im Preis reduziert: von 8 500 DM auf 7 000 DM.

NSU Sportprinz: Eine zeitgenössische Aufnahme (oben)
und ein restauriertes Fahrzeug aus dem Automuseum Ibbenbüren (unten)

Trotz neuer Technik kein Erfolg: NSU Wankel Spider,
restauriertes Fahrzeug aus dem Automuseum Ibbenbüren

OPEL

Obwohl Opel eher für solide Familienlimousinen steht, kann das traditionsreiche Unternehmen so populäre und verkaufsstarke Sporttypen wie den GT, den Manta oder den Calibra vorweisen. Aber auch in Zeiten, in denen das Automobil noch in den Kinderschuhen steckt, nimmt Opel bereits erfolgreich an Rennveranstaltungen teil. Die dabei gewonnene Populariät ermutigt Opel bereits in den zwanziger Jahren zur Entwicklung und Realisierung von sportlich geprägten Automobilen.

Opel 16/60 PS Roadster
1929

Der 16/60 gehört zu der Familie der Sechszylinder-Luxuswagen, die zwischen 1927 und 1929 gebaut werden. Der Roadster wird lediglich in der höchsten Leistungsversion angeboten. Er verfügt über 4170 ccm Hubraum. 60 PS bei 2800 U/min sorgen für eine Spitzengeschwindigkeit von 95 km/h. Mit 8 500 RM liegt der zweisitzige Roadster 1 000 DM über der fünfsitzigen Tourenwagenversion. Das hat in den schlechten Zeiten natürlich zur Folge, daß nur wenige Exemplare produziert werden können.

Opel beim Klausenpaßrennen 1923 (oben), Rennen auf der Opel-Bahn 1924 (Mitte) und der Opel 16/60 PS Roadster von 1929 (unten)

Opel 1,8 Liter Sport
1932

Gegen den massigen 16/60 PS erscheint der 1,8 Liter Sport wie ein richtiger Kleinwagen. Die Grundversion des "kleinen Cadillac" wird im November 1930 vor 500 europäischen Opel-Händlern mit Wilhelm von Opel und dem GM-Präsidenten Sloan vorgestellt und erhält viel Beifall. Es gibt jetzt ein Baukastenprinzip, das mit einer bestimmten Zahl von Hauptaggregaten die Fertigung verschiedener Modelle erlaubt. Der Sport-Zweisitzer wird 1932 auf Deutschlands politisch unruhige Straßen geschickt. Sein Sechszylindermotor leistet 32 PS bei 3200 U/min und erreicht 85 km/h Spitze. Der Preis ist mit 3 500 RM auch für damalige Verhältnisse sehr günstig.

Offen und geschlossen: Der Opel 16/60 PS Roadster von 1929

Opel 1,8 Liter Sport von 1932

Opel Rallye Kadett
1966 bis 1973

In den dreißiger Jahren, den Kriegs- und Nachkriegsjahren und erstaunlicher Weise auch in den fünfziger Jahren, hat Opel keine attraktiven Sportwagen zu bieten. Und auch der Kadett verspricht zunächst alles andere als sportliche Ambitionen. Auch der Rallye Kadett erzeugt mit seinem vom Kadett Coupé ausgeborgten Fließheck keine Begeisterung. Als er jedoch erfolgeich an Wettbewerben teilnimmt, wächst das Interesse besonders jugendlicher Opel-Fans und langsam aber sicher mausert er sich zum Verkaufsschla-

ger. 1971 geht der 100 000ste Rallye Kadett vom Band. Dann aber bleibt er stecken. Die Konkurrenz im eigenen Haus, die GTs und die Mantas, lösen ihn ab.

1966 startet der Rallye Kadett als 1100 SR mit 1078 ccm-Vierzylindermotor, 60 PS bei 5200 U/min und 148 km/h Spitze. Ein Jahr später folgt die 1,9 Liter-Version 1900 S mit 90 PS bei 5100 U/min und 166 km/h. Mit den Preisen von 7 175 DM bis 10 320 DM unterstreicht der Rallye Kadett was er sein will: Ein sportliches Fahrzeug, das auch für jüngere Menschen erschwinglich ist.

Opel Rallye Kadett

Opels rassigster Sportwagen: GT Junior

Opel GT
1968 bis 1973

Als Experimental-GT wird er auf der IAA 1965 präsentiert; an eine Serienproduktion ist zunächst nicht gedacht. Aber weil das Interesse an diesem Sportwagen mit dem Corvette-ähnlichen Schnitt sehr groß ist, entschließt man sich bei Opel zur Weiterentwicklung. Drei Jahre später ist die deutsche Sportwagenszene um ein rassiges Exemplar reicher. Die geschwungene Karosserie, die versenkten Scheinwerfer, die sich beim Öffnen um ihre eigene Achse drehen, unter der Stoßstange sitzende Weitstrahler für die Lichthupe und die in die Dachpartie hineinragenden Türen sind die äußeren Highlights des GT.

Zwei Versionen werden angeboten, die beide mit Vierzylindermotoren ausgestattet sind. Der GT 1100 mit 60 PS bei 5200 U/min und 155 km/h

Spitze und der GT 1900 mit 90 PS bei 5100 U/min und 185 km/h Spitze. 1971 folgt der GT J (Junior), der dem GT 1900 entspricht. Allerdings sind hier alle Chromteile in Mattschwarz lackiert.

Der GT ist ein Renner, auch was die Verkaufsstatistik betrifft. Er findet 103 373 Käufer die zwischen 10 780 DM und 13 645 DM für ihn ausgeben.

Opel Manta
1970 bis 1988

Manta A (oben) und ein ganz heißer Typ: Manta B 400 (unten)

Eine wahre Kultwelle bricht aus, nachdem der Manta 1988 nicht mehr weitergebaut wird. Manta-Clubs bilden sich, Manta-Witze kursieren ohne Ende, Manta-Bücher erscheinen, Manta-Filme flimmern über Kino-Leinwände und im Fernseher und ein Manta-Song gerät in die Hitlisten. So etwas hat es noch nie gegeben. Was muß das für ein Auto sein? Das Interessante daran ist, daß der Manta eigentlich gar keine Eigenschaften hat, die diese Welle erklären.

Der Manta ist die sportliche Version des Opel Ascona und Opels Antwort auf den 1969 erfolgreich gestarteten Ford Capri. Die erste Ausführung, der Manta A, lehnt sich in einigen Details an das Styling des Opel GT an. 1970 werden 1600er und 1900er Modelle ins Rennen geschickt, die wie alle Mantas mit einem Vierzylindermotor ausgerüstet sind. 1972 folgt ein 1200er und 1974 startet der stärkste Manta A, der GTE mit 105 PS bei 5400 U/min und 190 km/h. Der Manta A kommt auf eine Stückzahl von 498 553, die vom Manta B noch übertroffen wird. Die Preise des Manta A: Von 7 955 DM bis 13 960 DM

Der Manta B kommt 1975 aus den Startlöchern. Vorbei ist es mit den leicht geschwungenen Konturen. Der Manta B paßt sich dem Zeitgeschmack an, er zeigt sich in einem klaren, kantigen Styling. Es werden 1200er, 1300er, 1600er, 1800er, 1900er und 2000er Versionen angeboten. Die Spitzenversion, der Manta 2,0 E, kann auf die längste Bauzeit verweisen: von 1977 bis 1988. Er leistet 110 PS bei 5400 U/min und erreicht eine Spitzengeschwindigkeit von 187 km/h. Kaum zu glauben aber wahr: Der Manta B erreicht eine Auflage von 534 634 Exemplaren. Die Preise liegen zwischen 11 340 DM und 24 115 DM.

Manta B (oben). Die letzen Manta werden 1988 montiert (unten)

Opel Calibra
ab 1990

"Der Calibra ist ein weiterer Schritt in unserer Strategie, technisch anspruchsvolle Automobile zu einem fairen Preis anzubieten" sagt der Opel Vorstandsvorsitzende Louis R. Hughes zur Vorstellung des Calibra und das ist nicht übertrieben. Das viersitzige Sportcoupé mit zwei Türen und großer Heckklappe kann mit seinem c_W-Wert von 0,26 auf den niedrigsten Luftwiderstand aller Serien-Automobile verweisen. Der Preis von 34 000 DM für das Grundmodell 2,0i mit Frontantrieb beinhaltet die Servolenkung, Leichtmetallräder, Fünfganggetriebe, beheizbare Außenspiegel, Cassettenradio mit sechs Lautsprechern und getönte Scheiben. Drei Motoren stehen zur Auswahl. Der Zweiliter, der auch im Astra und Vectra seine Dienste verrichtet, leistet 115 PS und sorgt für 205 km/h. Mit vier Ventilen pro Zylinder kommt er auf 150 PS und 223 km/h. Diese Version be-

schleunigt von null auf 100 km/h in 9,5 Sekunden. Ein Turbolader erhöht die Leistung auf 204 PS und 245 km/h Spitze. Mit Allradantrieb ist der Calibra in der Zweiliter-Zweiventilversion und als Turbo zu haben. Die Vierzylindermotoren werden im Frühjahr 1993 durch den 2,5 Liter-V6-Motor ergänzt.

Opel Calibra von 1990

Porsche 356 Nr. 1 Roadster

PORSCHE

Die Geschichte des Hauses Porsche beginnt 1931, als sich Ferdinand Porsche mit einem Konstruktionsbüro in Stuttgart ins Handelsregister eintragen läßt. Die Marke Porsche gibt es aber erst seit 1948, als der Sohn von Ferdinand Porsche eine sportliche Version des Volkswagens vorstellt, den Porsche 356: Der Beginn einer großen Karriere. Heute ist Porsche mit rund 8 000 Beschäftigten der kleinste deutsche Automobilhersteller, aber der größte Sportwagen-Spezialist der Welt. Und der solideste: Die Sportwagen aus Zuffenhausen gehören zu den langlebigsten und sparsamsten ihrer Leistungsklasse.

Porsche 356
1948 bis 1955

Im Juni 1948 wird der erste 356, ein Roadster, zugelassen. Er trägt einen Kastenprofil-Rahmen und eine aerodynamisch günstige Alu-Karosserie. Der luftgekühlte Vierzylinder-Boxermotor mit 1086 ccm ist 40 PS stark und bringt 140 km/h. Die Ventile sind V-förmig angeordnet. Im März 1949, auf dem Genfer Automobilsalon, wird der erste Porsche, der auch diesen Namen trägt, offiziell vorgestellt. 1950 wird der 356 in eine Ganzstahlkarosserie gehüllt. Das Coupé ist für 10 200 DM, das Cabrio für 12 200 DM zu haben.

Ohne zunächst die Preise zu erhöhen, bietet Porsche 1951 auch 1300er-Versionen an, und ab Oktober 1951 ist der 1500er mit 60 PS lieferbar. Ein Jahr später gibt es den 1500 S mit 70 PS, der 175 km/h erzielt. Alle Varianten erhalten das vollsynchronisierte Getriebe. Äußerlich erkennt man die neuen Porsche an der einteiligen Windschutzscheibe und den Stoßstangenhörnern.

Ebenfalls 1952 werden 15 "America-Roadster" gebaut, jene 200 kg leichteren 356, die 1954 mit geringfügigen Änderungen als "540 Speedster" weitergebaut werden. Im Frühjahr 1953 kommt der 1300 Super auf den Markt. Für echte Sportwagen sind die Preise bei Porsche recht zivil: 11 400 DM für das 1100er-Coupé, bis 15 800 DM für das 1500er-Super-Cabrio.

Porsche 356/2 von 1949 als Cabrio von Beutler (oben) und Reutter-Coupé von 1951

Porsche 356 A Speedster von 1957 mit Speichenrädern und Hardtop

Mit dem 1500er gelingt Porsche der Durchbruch zum weltweit anerkannten Sportwagenhersteller. Die Stromlinienform, die Leistung, die von VW geerbte Zuverlässigkeit, das vorzüglich funktionierende Händlernetz und Erfolge bei populären Rennen: all das beschleunigt den Ruf der Marke Porsche und den Absatz. Die Kapazitäten müssen ausgeweitet, vierstellige Jahresproduktionen bewältigt werden. Vom ersten Prototyp von 1948 bis zum Herbst 1955 werden ingesamt 7 678 Porsche 356 gebaut.

Porsche 356 A
1955 bis 1959

Im September 1955 wird der 1100er aus dem Programm genommen, dafür die Reihe um eine 1600er-Version ergänzt. Die Zusatzbezeichnung "A" wird eingeführt und bei den 1300er- und 1600er-Modellen kann man zwischen der Normalausführung "Dame" und der stärkeren Version "Super" wählen. Der 1500er hört auf einen besonders schönen Namen: "Carrera", so genannt wegen der erfolgreichen Teilnahme Porsches an der Carrera-Panamericana. Der Carrera ist mit dem beim Rennsport erprobten Viernockenwellen-Motor ausgerüstet und erreicht mit 100 PS die für die fünfziger Jahre enorme Spitzengeschwindigkeit von 200 km/h. Der Name Carrera wird übrigens beibehalten und ist künftig jeweils den Porsche-Spitzenmodellen vorbehalten.

1957 schickt Porsche den Carrera 1500 GT mit 110 PS ins Rennen, als Coupé und Speedster.Der 1300 und der 1300 Super werden aus dem Programm genommen. Neu ist ein Hardtop-Coupé, dessen Dach mit dem Karosserieunterteil verschraubt ist und sich gegen ein Cabrio-Verdeck austauschen läßt.

1958 wird der Speedster durch ein neues Sportcabriolet abgelöst, den Convertible D, der bei Drauz in Heilbronn karossiert wird. Der Carrera wird im September auf 1588 ccm aufgebohrt. Beutler überrascht im Sommer 1959 mit dem ersten viersitzigen Porsche, bei dem der Radstand von 210 auf 235 cm vergrößert ist.

Die verschiedenen Versionen des 356 A werden von 1955 bis 1959 insgesamt 21 045 mal an den Mann bzw. an die Frau gebracht und sind für 11 400 bis 15 750 DM zu haben. Den Carrera gibt es von 17 700 bis 20 490 DM.

Porsche 356 A Coupé von 1957 (oben)
und Porsche 356 A Speedster von 1975 (unten)

Von oben nach unten: Porsche 356 B Roadster, 356 B Hardtop, 356 B 2000 GS Carrera 2 und 356 B Coupé 1600 S

Porsche 356 B
1959 bis 1963

Auf der IAA 1959 werden die überarbeiteten Porsche von 1960 präsentiert. Aus dem "A" ist nun der "B" geworden, der sich eine etwas veränderte Karosserie erlaubt. Die Stoßstangen und Lampen sind höher angebracht. An der Front sind zusätzliche Lufteintritte zu sehen, der Haubengriff ist verbreitert. Das Lenkrad wird schlüsselförmig mit versenkter Nabe und drei Signalspeichen geliefert, der Schalthebel ist kürzer geworden.

Neben der 1600er Dame gibt es den 1600er Super 75 mit erhöhter PS-Leistung. 1960 gesellt sich der 1600 Super 90 dazu. Er hat geänderte Vergaser, größere Einlaßventile und eine auf 9:1 erhöhte Verdichtung. Im gleichen Jahr erscheinen zwei verstärkte Carreras, der 1600 GS Carrera GT und der 2000 GS Carrera 2 (die 2 steht für die Anzahl der Nockenwellen), der mit seinen 130 PS 200 km/h erreicht und erstmals bei Porsche in der Beschleunigung von null auf 100 km/h die zehn Sekunden unterschreitet.

1963 übernimmt Porsche das Reutter-Karosseriewerk. Die Jahresproduktion hat etwa 7 500 Einheiten erreicht. Vom 356 B werden von 1959 bis 1963 insgesamt 30 963 Wagen hergestellt.

Porsche 356 C
1963 bis 1965

Der 356er geht 1963 mit dem Modell 356 C langsam aber sicher seinem Ende entgegen. Optisch hat er sich, abgesehen von anderen Felgen und Radkappen, kaum verändert. Dafür wird seine Technik verbessert, er erhält jetzt Scheibenbremsen an allen Rädern, wartungsfreie Spurstangen und eine verbesserte Straßenlage. Die C-Serie verfügt über die drehmomentstarken Motoren 1600 C (75 PS) und 1600 SC (95 PS, 185 km/h). Unter der Bezeichnung 2000 GS Carrera 2 liefert Porsche 126 Fahrzeuge mit dem 130 PS starken Doppel-Nockenwellen-Motor. Vom 356 C werden täglich etwa 40 Fahrzeuge gebaut. Der letzte von insgesamt 76 302 Porsche 356 verläßt im April 1965 als Cabrio das Band.

Porsche 356 C Coupé

Porsche 911
1963 bis 1977

Als Werk von Ferry Porsches Sohn Ferdinand Alexander debütiert 1963 die Neukonstruktion auf der IAA und nennt sich Porsche 901. Doch diese Bezeichnung gehört bald der Vergangenheit an, denn es bleibt Peugeot vorbehalten, bei dreistelligen Ziffern eine Null in der Mitte zu verwenden. Um Ärger zu vermeiden, wird der Name einfach in "911" geändert. Die Serienproduktion beginnt im September 1964 mit etwa fünf Fahrzeugen pro Tag. Der 911 wird von einer neuen Motorengeneration angetrieben. Porsche kon-

struiert den Sechszylinder-Boxermotor (1991 ccm) mit achtfach gelagerter Kurbelwelle und greift auf seine bewährte Luftkühlung zurück. Diese Maschine besitzt je Zylinderreihe eine obenliegende Nockenwelle, die von Ketten angetrieben wird.

Zuerst geht der 911 mit 130 PS und 210 km/h Höchstgeschwindigkeit als Coupé in Serie. 1966 kommt das Cabrio "Targa" auf den Markt, das erste Cabrio der Welt mit fest integriertem Überrollbügel. Die Bezeichnung Targa leiht sich Porsche von der sizilianischen Targa Florio, die Porsche mehrere Siege einbrachte. Zunächst gibt es zwei Targa-Varianten: die mit fest eingebauter Heckscheibe und die mit ausknöpfbarem Stoffverdeck.

Porsche 911 E 2,2 Liter-Coupé von 1970

1966 erscheint auch der 160 PS starke und 220 km/h schnelle 911 S mit innenbelufteten Scheibenbremsen, ein Jahr später der 911 T (Touring) wieder mit 130 PS. Alle Typen gehen 1968 in die durch den auf 2268 mm verlängerten Radstand und breitere Kotflügel gekennzeichnete B-Serie. Ende 1969 stellt Porsche einen 911 mit auf 2,2 Liter Hubraum aufgebohrter Maschine vor, der in seiner stärksten Version 911 S mit 180 PS eine Spitzengeschwindigkeit von 225 km/h erreicht und in 8 Sekunden von null auf 100 km/h beschleunigt.

Im August 1971 gibt es durch verlängerten Kolbenhub 2,4 Liter Inhalt, eine niedrigere Verdichtung und Umstellung auf Normalbenzin. Die Schriftleisten sind jetzt schwarz, und der 911 S bekommt einen Spoiler unter der Stoßstange vorn. Im August 1972 sind auch Hupe, Grill und Seitenfenster schwarz, und die Öleinfüllung, die 1971 hinter die Beifahrertür geraten war, ist wieder im Motorraum untergebracht.

Im Oktober 1972 präsentiert Porsche den schnellsten deutschen Serienwagen: den Carrera RS mit 2,7 Liter-Motor, 210 PS, 240 km/h und einer Beschleunigung von null auf 100 km/h in 6,5 Sekunden. Der Heckspoiler des Carrera avanciert

zum Statussymbol, der Volksmund nennt ihn Entenbürzel. Die Produktionszahl des 911 geht auf die 100 000 zu.

1972 wird das neue Entwicklungszentrum in Weissach bezogen. Zehn Jahre später arbeiten dort bereits rund 1 200 Ingenieure, Designer, Mechaniker und Monteure. Nur etwa 60 % von ihnen befassen sich mit Porsche-Projekten, 40 % sind für Neu- und Weiterentwicklungen anderer Fahrzeugfirmen aus aller Welt zuständig.

Im August 1973 (G-Serie) sind alle Modelle mit 2,7 Liter-Motoren ausgestattet. Es gibt einen Frontspoiler, aufpralldämpfende Stoßstangen und Sitze mit hohen Rückenlehnen. 1974 führt Porsche als erster Hersteller feuerverzinkte Karosserien ein. Im Oktober wird ein neuer Spitzenporsche präsentiert: der 911 Turbo mit 3 Liter-Einspritzmotor mit Abgasturbolader, 260 PS, 250 km/h und einer Beschleunigung von null auf 100 km/h in 6 Sekunden. Für 65 800 DM ist er ab März 1975 zu haben. Zunächst nur als Coupé, ab September gegen 2 500 DM Aufpreis auch als Targa. Im August 1975 erhält auch der Carrera den 3 Liter-Motor und wird in dieser Ausführung bis Herbst 1977 gebaut. In diesem Jahr verläßt der 250 000ste Porsche das Werk.

Ein Stelldichein geben sich die Neunelfer Carrera Targa 3,0 Liter, Coupé 2,7 Liter und Turbo 3,0 Liter mit "Entenbürzel" (oben). Charmant verbunden: Porsche 911 Targa und 911 S Coupé (unten)

1977 startet Porsche mit zahlreichen Veränderungen.
Es gibt neue Außenfarben, verbesserte Innanausstattungen und vielfältige Design-Experimente

Porsche 911
1977 bis 1987

Im Juli 1977 werden die neuen SC-Modelle vorgestellt, die sich als die erfolgreichsten 911er erweisen werden. Man beschränkt sich auf zwei Modell-Reihen, den Carrera SC mit drei Litern und den Turbo, der jetzt mit einem 3,3-Liter-Motor mit 300 PS aufwartet. Er wird mit neuer Bremsanlage ins Rennen geschickt, und in den Heckspoiler ist der Ladeluftkühler integriert. Der 911 SC, der zunächst mit 180 PS gestartet ist, verstärkt sich im August 1979 auf 188 PS (ein Jahr später auf 204 PS). Und gleichzeitig wird der Turbo mit einem Zweirohrauspuff zu geringerer Lautstärke gezwungen.

1981: Porsche feiert 50jähriges Firmenjubiläum. Über 190 000 Porsche 911 sind bisher in Zuffenhausen vom Band gerollt. Auf der IAA 1981 zeigt Porsche ein überrollbügelfreies Cabrio als Prototyp, aber zu haben ist es erst Anfang 1983. Dieses 911 SC-Cabriolet wird mit Elektroverdeck, Ledersitzen und Klimaanlage angeboten und treibt sich zunächst mit einer 3 Liter-Maschine an. Ab August 1983 wird der SC vom Carrera abgelöst, der selbstverständlich wieder mehr zu bieten hat: 3,2 Liter mit 231 PS und 235 km/h Spitze. Der Preis: 68 900 DM.

1986 gibt es für den Carrera ein 5-Gang-Getriebe mit hydraulischer Kupplung. Von 1986 bis 1989 wird der Carrera mit 3,2 Liter-Motor und 217 PS geliefert und kostet im August 1986 – jetzt mit Katalysator – 86 225 DM.

Ab Februar 1987 ist der Turbo auch als Cabrio und Targa lieferbar und auf der IAA wird der Prototyp des Carrera Speedster präsentiert. Geschlossen erinnert er mit der niedrigen Frontscheibe und dem geduckten Aussehen an seine Ursprünge. Und an James Dean, der in den Sechzigern einen Speedster fuhr, und der analog zum 911 unsterblich zu sein scheint. Offen ist der neue Speedster an seinen beiden Höckern zu erkennen, unter denen das zurückgeklappte Verdeck verschwindet. Die serienmäßigen Vordersitze sind durch spartanische Sitzschalen ersetzt, die vorzüglichen Halt bieten. Der Speedster findet die meisten Käufer, die für ihr Vernügen 110 000 DM ausgeben müsen.

911 Turbo Cabrio-Studie mit Vierradantrieb auf der IAA 1981 (oben), Carrera Targa und Carrera Coupé (unten)

Löwenstark: 911 SC 3,0 Liter und 911 Turbo 3,3 Liter mit 300 PS (oben)
Das Porsche-Progarmm von 1968 (unten)

Porsche 911
ab 1988

Eine neue Ära in der Geschichte des 911 beginnt im Mai 1988: der Carrera 4 wird angekündigt. Im August wird er mit permanentem Allradantrieb, 3,6 Liter-Motor mit 250 PS, Metall-Katalysator, neuem Fahrwerk und anderen Stoßfängern vorgestellt. Der äußere Clou: Der Heckflügel ist beweglich und fährt bei 80 km/h automatisch aus. Im Herbst 1989 kommt der Carrera 2 mit identischem Triebwerk, aber nur mit Hinterradantrieb, heraus. Ab Januar 1990 ist er auf Wunsch mit Tiptronic lieferbar, das ist ein automatisches Getriebe mit zusätzlicher manueller Schaltgasse, für das ein Aufpreis von 6 255 DM berechnet wird.

Im Herbst 1990 wird eine Neuauflage des 911 Turbo vorgestellt. Er ist nach wie vor mit dem

Porsche 911 Carrera Coupé von 1991 (oben) und die Neuauflage des 911 Turbo von 1990

klassischen Heckantrieb ausgestattet. Der 3,3 Liter-Sechszylindermotor leistet 320 PS, erreicht 270 km/h und beschleunigt von null auf 100 km/h in 5,5 Sekunden. Der Preis für das 911 Topmodell inklusive Servolenkung, Katalysator, ABS und Klimaanlage: 178 000 DM.

Alle Porsche werden ab Februar 1991 mit Airbag für Fahrer und Beifahrer angeboten. Lieferbar sind die Carrera 2 und 4 jeweils als Coupé, Targa und Cabrio und der Turbo als Coupé.

1992 wird der Hubraum des Turbo von 3,3 auf 3,6 Liter vergrößert, die PS-Zahl klettert auf 360 und die Höchstgeschwindigkeit auf 280 km/h. Auf dem Pariser Salon debütiert der zweite 911 Speedster, jetzt auf Carrera 2-Basis und in limitierter Auflage.

1993: Der Porsche 911 wird 30 Jahre alt. Und das wird natürlich gefeiert. Im März präsentiert Porsche das Jubiläumsmodell: ein Coupé auf Carrera 4-Basis mit Turbo-Fahrwerk in numerierter Auflage von 911 Stück. Der Jubilar ist ausschließlich in Violett zu haben, wird von der Presse als der 911 schlechthin gepriesen. Der Preis mit Komplettausstattung beträgt 143 180 DM.

Auf der IAA im September gibt es in der unendlichen Geschichte des 911 mal wieder eine Premiere. Der Nachfolger des Carrera 2/4 betritt die Bühne, an dem in Weissach seit langem unter der Regienummer 993 inszeniert wird. Der neue Star zeigt sich mit ausgeglichener Bugpartie. Die Scheinwerfer sind in die neu gestylten Kotflügel glatt eingepaßt und hinten gibt es eine völlig neue Leuchteneinheit. Wichtige technische Verbesserungen: das Doppelquerlenker-Fahrwerk, das vom 989 übernommen wird und kräftigere Bremsen. Der Motor: ein 3,6 Liter-Sechszylinder-Zweiventil-Boxer mit 272 PS und 270 km/h Spitzengeschwindigkeit.

Der Carrera 4 und das Carrera 2-Coupé starten im Herbst 1993, das Cabrio folgt im Frühjahr 1994. Ein abgespeckter 911 für unter 100 000 DM ist ebenfalls für das Frühjahr 1994 geplant. Aber das sind nicht die einzigen Trümpfe, die die Weissacher Spezialisten im 911-Spiel in der Hand halten. Eine Neuauflage der Turbolook-Version, der Speedster III, der sportliche 911 Cup und ein 993 Biturbo mit 400-PS-Doppel-Turbomotor sind in Arbeit. "Der 911 ist und bleibt ein Super-Auto" sagt Ferdinand Alexander Porsche. Recht hat er.

Porsche 911 Carrera RS 3,8 Liter mit 300 PS (oben)
und der Speedster von 1993 (unten)

Der Nachfolger des Carrera 2/4, der Neunelfer von 1993

30 Jahre Porsche 911: Das Jubiläumsmodell (oben)
und der auf der IAA 1993 präsentierte Nachfolger (unten)

103

VW-Porsche 914
1969 bis 1975

Ein gemeinsam von Volkswagen und Porsche kreiertes Fahrzeug sorgt 1969 auf der IAA für Aufmerksamkeit. Die Antriebsquelle, der Vierzylindermotor des VW 411 E, wird als Mittelmotor zentral vor dem Getriebe eingebaut. Parallel zu dem VW-Porsche 914 läuft eine Serie unter dem Namen 914/6 an. Beide Fahrzeuge unterscheiden sich von außen nur durch unterschiedlich breite Felgen. Aber den 914/6 darf man guten Gewissens als waschechten Porsche bezeichnen. Ihm wird die Sechszylindermaschine vom 911 T eingebaut. Trotzdem wird der 914/6 von Porsche-Fahrern fast ignoriert, was sich natürlich in den Verkaufszahlen niederschlägt und 1972 zum Einstellen der Serie führt. Der Nachfolger, der 914-2.0 erhält einen von Porsche auf der Basis des 411 E-Motors entwickelten 2 Liter-Vierzylindermotor mit 100 PS. Die selbsttragenden VW-Porsche-Karosserien mit dem angeschweißten Überrollbügel fertigt Karmann in Osnabrück. Wer es mag, kann die mittlere Dachhälfte aus Kunststoff herausnehmen und im hinteren Kofferraum verstauen.

Durch den Mittelmotor bedingt, bietet der Wagen im Bug zusätzlich 160 Liter Stauraum. Alle Modelle besitzen serienmäßig Vierrad-Scheibenbremsen.

Nennt sich der Sportwagen in Europa VW-Porsche, so wird er in Amerika generell unter dem Namen Porsche 914 angeboten. Dort kommt er auch wesentlich besser an. Der größte Teil der Produktion wird in die USA exportiert. Die Vierzylinder werden mit 80 PS, 85 PS und 100 PS angeboten, der Sechszylinder mit 110 PS und einer Spitzengeschwindkeit von 201 km/h. Die Rallye-Version ist sogar mit 210 PS ausgestattet.

Vom 914 werden insgesamt 119 300 Exemplare gebaut, davon 3 300 Sechszylinder. Der 914 wird 1969 für 12 560 DM und der 914-6 für 19 000 DM angeboten.

Geschenk zum 60. Geburtstag von Ferry Porsche: VW-Porsche 914/8 von 1969

VW-Porsche 914/4 (USA-Ausführung) von 1975 (oben)
und VW-Porsche 916 von 1970, von dem nur 16 Stück gebaut werden

Porsche 924 Carrera GT von 1979

Porsche 924
1976 bis 1988

Trotz des anhaltenden Erfolgs des 911 will Porsche das Programm erweitern. Klar, daß für neue Modelle nur ein vornliegender, wassergekühlter Motor in Frage kommt. In Transaxle-Bauweise entwickelt Porsche zwei neue Sportwagen: den 924, der als Einstiegsmodell mit Vierzylindermotor unterhalb des 911 angesiedelt ist und den großen, komfortablen 928.

Obwohl der 924 in Deutschland keine Begeisterung hervorruft, wird er dank des Exports innerhalb von fünf Jahren Produktionszeit 100 000 mal gebaut und ist damit der erfolgreichste Porsche, den es je gab.

Im Februar 1976 werden die ersten 924 ausgeliefert. Der "kleine" Porsche zeigt sich als Kombi-Coupé mit Heckklappe. Der Vierzylinder-Reihen-Motor stammt von Audi und bringt mit 125 PS eine Spitzengeschwindigkeit von 200 km/h (Automatik 195 km/h). Der Preis: 23 240 DM.

Ende 1978 kommt der 170 PS starke und 225 km/h schnelle 924 Turbo auf den Markt, der im August 1980 auf 177 PS und 230 km/h angehoben wird und dann 41 480 DM kostet. Logisch, daß auch eine Carrera-Version kommt. Sie wird als Prototyp 1979 auf der IAA vorgeführt: Porsche 924 Carrera GT, 210 PS, 240 km/h.

Im Sommer 1982 wird der 924 mit integriertem Heckspoiler verschönt und der Turbo aus dem Verkehr gezogen.

Im August 1985 wird der 924 S mit 160 PS und 222 km/h Spitze ins Rennen geschickt. Der Audi-Motor ist durch den leistungsreduzierten Porsche-Motor des 944 ersetzt.

Obwohl der 924 respektable Produktionszahlen einbringt, kann er die Gunst der "richtigen" Porsche-Fans nicht erringen. Für sie ist der kleine Porsche eigentlich gar kein Porsche und den Nimbus des 911 kann er ohnehin nie erreichen. Daran ändert auch der porscheeigene Motor des 924 S mit seinen anerkannt guten Fahrleistungen nichts. 1988 wird der 924 aus dem Programm genommen.

Porsche 924 S von 1988 (oben) und Porsche 924 von 1982 mit integriertem Heckspoiler (unten)

Porsche 928
ab 1977

Porsches erster Achtzylinder zählt zu den komfortabelsten Seriensportwagen aller Zeiten. Und obwohl der 928 sein Ziel, die Jahresproduktion von 8 000 Stück, nicht erreicht, avanciert er in seiner Klasse zum meistgekauften Sportwagen der Welt.

Im März 1977 wird er vorgestellt. Ein Coupé mit Heckklappe, 4,5 Liter-V8-Aluminiummotor, mit 240 PS und 230 km/h Höchstgeschwindigkeit, Transaxle-Antrieb und dem relativ geringen Gewicht von 1450 kg. Der Preis beträgt 55 000 DM. 1978 gelingt dem 928, was bis dahin noch nie ein Sportwagen erreicht hat: er wird "Auto des Jahres".

Im September 1979 gesellt sich der 928 S mit 4,7 Liter-Motor, 300 PS und 250 km/h dazu und ist für 72 900 DM zu haben.

1985 erscheint das Übergangsmodell 928 S Kat mit 288 PS und 245 km/h, das bereits 1986 wieder aus dem Verkehr gezogen wird.

Der "König der Straße" wird im August 1986 gekrönt: der 928 S4, die vier steht für 4. Generation. Mit 320 PS und 270 km/h ist der S4 das schnellste Katalysator-Serienauto und eines der teuersten: 121 365 DM in der Grundausstattung. Der S4 mit 5 Liter-Vierventil-Achtzylinder bietet neue technische Finessen wie das erstmals in einem Serienwagen verwendete Reifenluftdruckkontrollsystem, das elektronisch gesteuerte Informations- und Diagnosesystem und das im Herbst 1989 eingeführte Porsche-Sperrdifferential (PSD).

Im April 1989 bekommt der S4 einen noch schnelleren Bruder, den 928 GT. Der erreicht mit 330 PS eine Spitzengeschwindigkeit von 275 km/h und beschleunigt von null auf 100 km/h in 5,8 Sek. Der GT ist nicht mit Schaltautomatik zu haben. Dagegen ist der S4 ab April 1989 nur noch mit Automatik lieferbar.

Beide, der S4 und der GT, werden im September 1991 vom 928 GTS abgelöst. Das ist ein 5,4 Liter-Geschoß für 156 050 DM.

Porsche 928 von 1977

Porsche 928 GT Coupé von 1989 (oben) und 928 GTS Coupé von 1992 (unten)

Porsche 944 (oben) und Porsche 944 S2 (unten)

Porsche 944
1981 bis 1991

Der 944 hat auf der IAA 1981 Premiere, und anders als sein kleinerer Bruder 924 tritt er gleich mit einem Porsche-Motor auf. Es ist ein Vierzylinder-Reihenmotor mit 2479 ccm, 163 PS und 233 km/h. Wie bereits beim 924 und beim 928 wendet Porsche beim 944 die Transaxle-Bauweise an: Der Motor sitzt vorn, das Getriebe hinten. Eine beinahe optimale Gewichtsverteilung.

Ab Dezember 1984 ist der 944 mit Katalysator lieferbar, es gibt neue Alu-Lochfelgen, und eine verbesserte Innenausstattung. Im Februar 1985 wird der 944 Turbo mit 220 PS und 249 km/h vorgestellt (ab 1988 250 PS, 260 km/h) und im August 1986 folgt der 944 S mit Vierventilmotor.

Noch rasanter geht's beim 944 S2 zu, der 1988 mit einem 3 Liter-Vierventilmotor an den Start geht, der 211 PS und 240 km/h leistet. Oben ohne gibt's den 944 S2 ab Januar 1989. Das Speedsterähnliche Faltdach kann mit dem elektrischen Ver-

deckzubringer mühelos geöffnet und geschlossen werden. Mit jährlich etwa 3 000 Wagen ist das 944 S2-Cabrio ein kleiner Marktrenner. Auch der 944 Turbo kommt zu Cabrio-Ehren: 1990/91 legt Porsche eine Sonderserie von 500 Exemplaren auf. 1991 ist Schluß mit dem 944 – der 968 steht zur Ablösung bereit.

Die Preise: Die Skala beginnt bei 38 900 DM für den 944 von 1981. Der 944 S startet mit 61 355 DM, der Turbo mit 74 000 DM und der 944 S2 mit 74 965 DM. Das Cabrio ist 1988 für 86 265 DM zu haben.

Porsche 944 Coupé (oben) und Prototyp des Porsche 944 Cabrio (unten)

Porsche 959
1987 bis 1988

Zum ersten Mal wird das "Weissacher Wunderwerk" auf der IAA 1983 als Prototyp präsentiert. 1985 folgt die zweite Premiere und im April 1987 ist es soweit: die Auslieferung beginnt. Der geplanten Auflage von 200 Wagen stehen 450 Vorbestellungen gegenüber. Schließlich werden 283 Stück gebaut. Der Preis 420 000 DM, pro Stück versteht sich. Japaner bieten eine Million DM.

Zwar ist der 959 das teuerste deutsche Serienauto, aber dafür wird Enormes geboten. Unübersehbar bildet der 911 das technische Fundament. Der Motor stammt dagegen von den Rennsportwagen 936 und 956. Es ist ein Sechszylinder-Boxer, der mit zwei Turboladern 450 PS entwickelt,

eine Spitzengeschwindigkeit von 315 km/h erreicht und in 3,9 Sekunden von null auf 100 km/h beschleunigt. Dazu kommt ein permanenter Allradantrieb mit permanent variierender Drehmomentverteilung in Sekundenbruchteilen und ein Sechsgang-Getriebe. Die Karosserie besteht aus mehreren Materialien: Der Kern aus feuerverzinktem Stahl, Kotflügel, Dach, Schweller und Heck sind aus faserverstärktem Kunststoff, Haube und Türen aus Aluminium.

Müßig zu erwähnen, daß beim 959 der Innenraum mit bestem Leder ausgestattet ist. Aber wer möchte, kann auch griffige Stoffbezüge bekommen. Gewinne bringt das "rollende 420 000 Mark-Labor" für Porsche bei der geringen Auflage natürlich nicht ein, aber jede Menge Prestige. Und das war auch so geplant.

Nachfolger des Porsche 944: Porsche 968 als Coupé

Porsche 968
ab 1991

Sein Debüt feiert der 968 im Juni 1991, seit dem Herbst desselben Jahres ist er zu haben. Besonders erfolgreich ist er nicht, die Verkaufszahlen bleiben hinter den Erwartungen zurück. Das mag an der Rezession liegen, aber auch daran, daß er zu teuer geraten ist. Eigentlich sollte der 968 als Nachfolger des 944 die Porsche-Palette nach unten abrunden. Aber bei Preisen von rund 90 000 DM für das Coupé und mehr als 100 000 DM für das Cabrio kann man von einem Einsteiger-Porsche wohl nicht sprechen. Der 3 Liter-Vierzylinder-Motor mit vier Ventilen pro Zylinder und elektronischer Nockenwellenverstellung ist mit 240 PS ausgestattet und bringt den 968 auf 252 km/h.

Eine interessante Variante stellt Porsche auf dem Pariser Salon im Herbst 1992 vor: den 968 CS (Club Sport). Er ist mit einem neuen Sportlenkrad und RS-Sitzschalen ausgestattet und aus-

schließlich in gelb lieferbar. Sensationell ist der Preis: der CS wird für unter 80 000 DM gehandelt. Ende 1992 wird das 968er-Programm durch den Turbo S abgerundet.

Porsche Boxster
ab 1996

Einen weiteren "kleinen" Porsche wollen die Zuffenhausener, die mit rund 8 000 Beschäftigten der kleinste deutsche Automobilhersteller, aber der größte Sportwagenspezialist der Welt sind, 1996 starten: Der Boxster, der etwa 70 000 DM kosten wird, soll der Konkurrenz von BMW und Mercedes die Rücklichter zeigen, die für 1996 ebenfalls preisgünstige Sportwagen planen. Mit vielen Vorbestellungen liegt der Boxster bereits jetzt recht gut im Rennen.

113

Porsche 968 als Cabrio von 1992 (oben) und Boxster-Porsche als Studie von 1993 (unten)

STEIGER

In dem kleinen Ort Burgrieden bei Ulm baut die Firma Walther Steiger & Co. von 1918 bis 1926 rund 3 500 Limousinen, Sport- und Touren-wagen. Wegen der Teilnahme an Wettbewerben erringen die Steiger-Automobile schnell Popula-rität: "Die deutschen Bugatti der zwanziger Jahre" werden sie genannt. Der Steiger 10/50 PS ist das prägnanteste Modell. Wegen seiner Verarbei-tungsqualität und Zuverlässigkeit läßt er sich trotz des Preises von 14 000 RM gut verkaufen.

Steiger Sportwagen
11/55 PS und 12/70 PS
1922 bis 1926

Steigers zweisitzige Sportwagen werden häu-fig zu Rennen geschickt, wo man sie schnell an ihren spitzen Kühlernasen erkennen kann. Sie sind mit Vierzylindermotoren ausgestattet, der 11/55 PS leistet mit seinem 2825 ccm-Motor 55 PS bei 330 U/min und erreicht 128 km/h. Der 12/70 PS verfügt über einen 2902 ccm-Motor, 70 PS bei 3300 U/min und kommt auf 140 km/h. Der Preis für beide Versionen: 18 000 RM.

Steiger Sport-Zweisitzer 11/55 PS und 12/70 PS wurden häufig zu Rennen geschickt

DER STEIGER

WALTHER STEIGER & Co BURGRIEDEN

STOEWER

In Stettin beginnen die Stoewer-Werke bereits 1899 mit dem Automobilbau, den sie durch gute und schlechte Zeiten bis 1945 beibehalten. Nach dem Krieg werden die Stoewer-Fertigungsanlagen demontiert, die leeren Fabrikhallen von Polen für eine Motorradfabrikation genutzt. Später wird in den "Heiligen Hallen" von der "Fabryka Mechanizmów Samochodowych" der Fiat 500 montiert. Der Name Stoewer ist bei KFZ-Interessierten noch heute ein Synonym für Qualität.

Stoewer-Achtzylinder-Roadster-Kabriolet „Superior 50".
Ein Wagen, der gleich bei seinem Erscheinen Epoche machte und sich bald die Herzen aller erobern wird. Ein Fahrzeug, wie es sein muß und das bei Spiel, Sport und Reise nicht fehlen darf. Das geräumige Führerabteil und zwei Hilfssitze gewähren vier Personen behagliche Bequemlichkeit.

Superior 50 Roadster-Kabriolet (oben) und Sport Phaeton Gigant 80 (unten). Abb.: Verkehrsmuseum Dresden

Superior 50 Roadster-Kabriolet
1924 bis 1925

"Ein Wagen, der gleich bei seinem Erscheinen Epoche machte und sich bald die Herzen aller erobern wird. Ein Fahrzeug, wie es sein muß und das bei Spiel, Sport und Reise nicht fehlen darf." Na bitte, das Texten von nichtssagenden Werbesprüchen ist keine Erfindung des Medienzeitalters. Der Superior 50 stammt aus der Familie der Stoewer-Achtzylinder, sein 2464 ccm-Motor leistet 50 PS bei 3500 U/min und erreicht eine Spitzengeschwindigkeit von 90 km/h.

Sport Phaeton Gigant 80
1928 bis 1933

Der Sport-Gigant besticht durch seine tiefliegende Karosserie und die sportlichen Drahtspeichenräder, die in diesen Jahren für eitle Autobesitzer denselben Stellenwert haben wie in den fünfziger Jahren die Weißwandreifen oder heute die Leichtmetallfelgen. Auch der Gigant wird von dem Achtzylindermotor angetrieben, er verfügt über 3200 ccm Hubraum, 80 PS bei 3500 U/min und kommt auf 110 km/h. Sein Preis: stolze 15 000 Reichsmark.

118

THURNER

Ein Versicherungskaufmann aus dem Allgäu bastelt sich auf der Basis eines NSU TT einen Sportwagen. NSU gefällt das Gefährt, sie beliefern Rudolf Thurner mit kompletten Bodengruppen und erlauben ihm, den Wagen nach seinem Namen zu benennen. Ein Traum geht in Erfüllung: Thurner wird Sportwagenfabrikant! Zunächst stellt sich Erfolg ein. Die Teilnahme an Bergrennen, bei denen Thurner selbst am Steuer sitzt, bringt Popularität und Käufer. Leider währt das Glück nicht lange. Die Ölkrise verteuert die Produktionskosten erheblich und Thurners "Finanzchef" kommt bei einem Autounfall ums Leben. Zuviel für einen Kleinstfabrikanten – nach fünf Jahren ist der Traum ausgeträumt.

Thurner RS
1969 bis 1974

Der rassig gestylte Sportwagen mit Flügeltüren und Kunststoffkarosserie erhält den Motor und ein verkürztes Fahrwerk des NSU TT 1200. Der Vierzylindermotor mit 65 PS bei 5500 U/min bringt den nur 610 kg wiegenden Thurner RS auf 178 km/h und beschleunigt von null auf 100 km/h in 11,9 Sekunden. 121 Exemplare werden gebaut und zu Preisen von 13 500 DM bis 15 600 DM verkauft.

Dreimal Thurner RS: ganz oben ein Prototyp, darunter zwei Serienwagen und unten die Rennausführung des Chefs

TRESER

Der Ingenieur Walter Treser ist Rennleiter bei Audi, als er 1983 beschließt, selbständig zu werden. Er entwirft einen avantgardistisch anmutenden Roadster, der in Berlin gebaut wird und 1987 auf der Frankfurter IAA Premiere feiert. Ein Jahr später – 27 Treser sind bereits gebaut und 400 Stück bestellt – gerät das junge Unternehmen in finanzielle Schwierigkeiten und gibt auf. Seit 1992 ist Treser wieder in seinem früheren Beruf: Leiter der Motorsportabteilung von Opel.

Treser Roadster TI
1987 bis 1988

"Autovergnügen hat für mich nicht zwangsläufig etwas mit dem Rausch der Geschwindigkeit zu tun! Meine Devise heißt vielmehr: Fuß vom Gas, Dach auf, frische Luft, Musik – und das Autovergnügen beginnt." Das schreibt Walter Treser in seinem Prospekt, was nicht heißt, daß in den von ihm verwendeten Motoren keine Musik ist. Der Kunststoffroadster mit elektrisch versenkbarem Coupédach wird angetrieben von dem quer vor der Hinterachse eingebauten 1800er VW Golf GTI 16-Ventil-Motor mit 130 PS. Das Fünfganggetriebe und das Fahrwerk werden ebenfalls von VW geliefert. Käufer werden von Treser nach Berlin eingeladen, sie sollen ihren Sportwagen zum Preis von 64 000 DM dort persönlich in Empfang nehmen.

VERITAS

Sie ist ein kurzlebiges, aber kompliziertes Gebilde, die Firma Veritas. 1947 beginnen ehemalige BMW-Mitarbeiter um Ernst Loof in Meßkirch (Baden) damit, aus Restbeständen des BMW-Vorkriegtyps 328 renntüchtige Autos zu fertigen. 1948 wird eine richtige Firma gegründet und 1949 das "Programm" um Straßenwagen erweitert. Um Serien bauen zu können, wird 1950 ein größeres Werk in Rastatt bezogen. Aber das ist finanziell nicht zu verkraften und bedeutet das Ende der Veritas GmbH. Loof gibt allerdings nicht auf. Er baut seine Veritas 2 Liter-Typen in der "Höhle des Löwen" weiter: In den ehemaligen Boxen der Auto Union am Nürburgring. Aber auch dieses Abenteuer ist 1953 zu Ende. Zwischenspiel: Von 1950 bis 1952 betreibt Lorenz Dietrich die Firma Dyna in Baden-Baden. Er baut dort den Dyna-Veritas weiter, ein in kleiner Serie hergestelltes und bei Baur in Stuttgart karossiertes Cabriolet, das Veritas zuvor in Zusammenarbeit mit der französischen Firma Panhard entwickelt hatte.

Dyna Veritas Cabriolet (oben) und BMW 328 Veritas bei einer Oldtimerveranstaltung (unten)

BMW 328 Veritas
1947 bis 1948

Ein 980 kg leichter Zweiliter-Rennsportwagen mit Sechszylinder BMW-Motor, der 80 PS bei 5000 U/min leistet und eine Spitzengeschwindigkeit von 160 km/h erzielt.

Dyna Veritas
1950 bis 1952

Er ist ausgerüstet mit einem 744 ccm-Zweizylinderboxermotor von Panhard mit 32 PS bei 5000 U/min, der das kleine Sportcabrio auf 110 km/h bringt.

121

VICTORIA SPATZ

Er hat ein kurzes, aber bewegtes Leben, der Spatz, dessen Lizenzrechte Harald Friedrich von Egon Brütsch erwirbt. Bei der ersten Probefahrt biegt Friedrich mit dem Dreirad in einen Feldweg ein, es gibt ein schreckliches Geräusch, Motor samt Hinterrad sind aus der Verankerung in der Kunststoffkarosserie gebrochen. Brütsch hatte der Einfachheit halber auf einen Rahmen verzichtet und die Räder nur am Kunststoff befestigt. Zur IAA 1955 ist der Spatz verkehrstauglich, er ist jetzt mit vier Rädern auf den Beinen, verfügt über einen Zentralrohrrahmen und schaut mit seinen freigelegten Scheinwerfern optimistisch in die Zukunft. Daß er keine Türen hat macht nichts, damit wird ein Sportwagenfahrer schon fertig. In den Nürnberger Victoria-Werken findet Friedrich einen kompetenten Partner für den Vertrieb. Der Verkauf beginnt recht gut, aber bald stellt sich ein ernster Mangel heraus: Die Kunststoffkarosserie ist leicht brennbar. Und als ausgerechnet bei einigen Fachjournalisten die Testwagen in Brand geraten, stürzt der Spatz ab.

Victoria Spatz
1955 bis 1958

Der dreisitzige (siehe Abbildung unten) Roadster wird zunächst mit dem einzylindrigen Motor von F&S mit 191 ccm Hubraum angeboten, der 10,2 PS bei 5250 U/min leistet und 75 km/h erreicht. Ab 1957 ist der Spatz, der jetzt offiziell Victoria heißt, mit einem 248 ccm-Einzylindermotor von Victoria ausgestattet, der mit 14 PS bei 5200 U/min auf 97 km/h kommt. Gebaut werden insgesamt 1 588 Wagen, die für 2 975 DM in den Händlerlisten stehen.

VOLKSWAGEN

"Richtige" Sportwagen werden bei Volkswagen nicht gebaut. Das überläßt man den Partnern in Zuffenhausen. Aber sportliche Autos oder sportlich aussehende Autos haben die Wolfsburger schon zu bieten. Und die sollten nicht unerwähnt bleiben.

VW Karmann-Ghia
1955 bis 1974

"Mehr schein als sein" behaupten die Gegner dieses Schmuckstücks. Aber die unkomplizierte, anspruchslose Mechanik und der günstige Preis von 7 500 DM bis 8 250 DM locken 439 644 Käufer bzw. Käuferinnen. Der Karmann-Ghia startet 1955 als Coupé mit 1200er Vierzylindermaschine, 30 PS und 118 km/h. Von der Beschleunigung soll besser nicht die Rede sein (von null auf 100 km/h in 33 Sekunden). Ab 1957 ist der Ghia auch als Cabriolet lieferbar. 1960 wird die Leistung auf 34 PS und 122 km/h erhöht. 1965 ist der 1300er

lieferbar, der mit 40 PS und 128 km/h aufwartet, und ein Jahr später gibt es bereits den 1500er mit 44 PS und 136 km/h. 1970 kommt die stärkste Version: Der 1600er leistet 50 PS und bringt 140 km/h. Mehr als 20 Jahre nach Produktionsende ist der Karmann Ghia noch häufig im Straßenbild zu sehen. Das spricht nicht gegen ihn. Und er macht noch immer eine gute Figur.

VW Karmann Ghia
1500, 1500 S, 1600 L
1962 bis 1969

Der größere Bruder taucht 1962 auf der Basis der VW Heckmotor-Limousinen auf. Er ist zunächst mit 45 PS lieferbar und erreicht 137 km/h. Die schnellsten Karmann-Ghia aller Zeiten, der 1500 S und der 1600 L werden 1965 mit 54 PS und 150 km/h ins Rennen geschickt. Sie beschleunigen in 19 Sekunden von null auf 100 km/h. Der "große" Karmann kann seinen kleinen Bruder allerdings nicht vom Auflagen-Sockel stoßen – er kommt nur auf 42 523 Exemplare.

Karmann-Ghia Prototyp von 1953

Karmann-Ghia mit Hardtop (oben) und als Coupé von 1956

Karmann Ghia als Cabriolet (oben) und der "große" Karmann-Ghia 1500 (unten)

VW Scirocco
1974 bis 1992

Er soll der Nachfolger des Karmann-Ghia sein, der Golf in der Coupé-Version, und wird wie dieser bei Karmann gefertigt. Im März 1974, noch vor dem Golf, beginnt der Serienanlauf des 85 PS starken Scirocco TS. Fünf Monate später wird die Typenpalette um 50 PS- und 70 PS-Modelle erweitert.

Der Scirocco II löst 1981 seinen Vorgänger ab und bietet wie dieser vier Motorversionen an: 1,3 Liter mit 60 PS, 1,5 Liter mit 70 PS, 1,6 Liter mit 85 PS und 1,6 Liter mit 110 PS. Letztere erreicht 190 km/h und beschleunigt in 10 Sekunden von null auf 100 km/h. Die technisch überarbeitete Version des Scirocco II verfügt über eine neue Karosserie mit vergrößertem Gepäckraum.

Das Scirocco-Programm von 1989 bietet die Auswahl unter den Typen GT, GTX, GT 16V und GTX 16V. Als Motoren werden eine 1,6 Liter-Maschine mit 72 PS und der 1,8 Liter-Motor mit 95 PS angeboten. Das stärkste Triebwerk besitzt der 16 Ventiler mit 129 PS: Er erreicht 200 km/h und beschleunigt in 9 Sekunden auf 100 km/h.

Von oben nach unten: Scirocco von 1974, Scirocco GT von 1981 und Scirocco GLi von 1977

Die Preise: zwischen 10 400 DM und 34 100 DM. Gesamtauflage: 778 511 Exemplare

Scirocco GTX von 1987 (oben) und Scirocco Gi II von 1991

VW Corrado
ab 1988

Von dem spanischen Verb correr = laufen, rennen, spurten ist der Name des neuen VW-Sportwagens abgeleitet. Im November 1988 spurtet der Corrado mit seinem kurzen Heck auf den Markt. Stoßfänger und Spoiler, die in Wagenfarbe lackiert sind, bilden eine Einheit. Die Lufteinlässe im vorderen Spoiler kühlen die Scheibenbremse, den Motor und dienen dem Ladeluftkühler. Bei Tempo 120 fährt der integrierte Heckspoiler um 50 mm aus und verringert so den Auftrieb an der Hinterachse. Basis für den Corrado G 60-Motor ist der 1,8 Liter-GTI-Motor mit 107 PS. Die mechanische Aufladung mittels G-Lader verleiht dem Triebwerk eine Leistung von 160 PS, die für eine Höchstgeschwindigkeit von 222 km/h sorgt und den Corrado in 8,5 Sekunden von null auf 100 km/h beschleunigt.

Mit einem 2861 ccm-Sechszylindermotor, der eine Mischung aus V- und Reihenmotor darstellt, wirbt der Corrado VR6 ab 1991 um Käufergunst. Mit 190 PS erreicht er 240 km/h. Der Preis des Corrado-Spitzenmodells: 49 890 DM.

VW Corrado G 60 (oben und unten)

VW Corrado G 60 von 1990 (oben) und VR6 von 1992 (unten)

WANDERER

Wanderer W 25 K
1936 bis 1938

Das erste "Wanderermobil" wird bereits 1905 gebaut, aber ohne großen Erfolg. Der stellt sich erst ein, als Wanderer 1912 einen Kleinwagen mit vier Sitzen hintereinander auf den Markt bringt. Als das W1 genannte Gefährt bei einer Operette als Dekoration auf die Bühne geschoben wird und gleichzeitig das Lied "Puppchen, du bist mein Augenstern" erklingt, läßt sich der Volksmund die Gelegenheit nicht entgehen: Der W1 heißt künftig nur noch "Puppchen". Den Spitznamen behält er während seiner gesamten Bauzeit bis 1926. Zwei Jahre später verlegt Wanderer seinen Sitz von Chemnitz nach Siegmar in ein neues Fabrikgebäude. Diese Investition allerdings zahlt sich in den schlechten Zeiten nicht aus; die Wandererwerke geraten in finanzielle Schwierigkeiten mit dem Ergebnis, daß die Autobmobilfabrikation an die Auto Union abgegeben werden muß. Dort entstehen in den dreißiger Jahren hochwertige Wanderer-Automobile, die heute als technische Klassiker angesehen werden.

Der offene Zweiliter Sport-Zweisitzer W 25 K soll der Konkurrenz aus München Sportwagenkunden abjagen. Aber daraus wird nichts. Er wird zwar 1936 ins Rennen geschickt und erregt dort wegen seiner rassigen Karosse auch viel Aufsehen, der Motor allerdings hält nicht das, was seine Verkleidung verspricht. Um dem von Porsche entwickelten Sechszylinder-Leichtmetallmotor mehr Leistung zu verschaffen, wird ein ständig mitlaufender Kompressor angebaut. Das bekommt dem Motor nicht, er ist überfordert. Ausfälle stellen sich ein mit der Folge, daß die zunächst recht gute Nachfrage zurückgeht. Lediglich 258 Exemplare des chicen Sportwagens mit 85 PS und einer Höchstgeschwindigkeit von 145 km/h finden Käufer, die Preise von 6 800 RM bis 8 250 RM dafür bezahlen.

Wanderer 3-Liter-Sport mit Gläser-Karosserie

130

Wanderer-Sport W 25 K (Abb. oben aus dem Verkehrsmuseum Dresden)

WARTBURG

Im VEB (volkseigener Betrieb) Automobilwerk Eisenach in Thüringen werden ab 1956 Dreizylinder-Zweitakter mit Frontantrieb hergestellt, die nach der bei Eisenach gelegenen Wartburg benannt sind. Auch ein stylistisch gelungener Sport-Zweisitzer ist darunter.

Wartburg Sport
1957 bis 1959

Er gilt als der schönste Wagen, der in der damaligen DDR gebaut wird. Der Wartburg Sport basiert auf der Bodengruppe des Typs 311. Es handelt sich um ein Roadster-Cabriolet mit aufsetzbarem Coupédach. Der 900 ccm-Motor leistet 50 PS bei 4500 U/min und erreicht 140 km/h. 469 Wagen werden gebaut, die zum Preis von 19 800 Mark (Ost) verkauft werden.

Melkus RS 1000
1969 bis 1973

Der Fahrlehrer, Konstrukteur und populäre DDR-Rennfahrer Heinz Melkus aus Dresden produziert seit 1959 Rennwagen der kleinen Formeln. 1969 entsteht in seinem Betrieb auf der Basis des Wartburg 353 der Melkus RS 1000, ein rassiges Rennsport-Coupé mit Flügeltüren, das auch für den Straßenverkehr zugelassen ist. Der 992 ccm-Zweitakt-Dreizylindermotor leistet 70 PS bei 4500 U/min, kommt auf 165 km/h und beschleunigt in 14 Sekunden von null auf 100 km/h. Der RS 1000 wird 75 mal gebaut und für 28 600 Mark (Ost) angeboten. Nach der Wende gründet Heinz Melkus in Dresden eine BMW-Vertretung.

Mit und ohne Hardtop: Der Wartburg Sport (Abb. aus dem Verkehrsmuseum Dresden)

Wartburg Sport (oben) und Melkus RS 1000 (unten)

Der temperamentvolle „Wartburg"-Sportwagen

Dank

für Unterstützung, Hinweise, Tips und die Überlassung von Bildmaterial gilt den folgenden Personen, Institutionen und Firmen, ohne die das Buch nicht realisierbar gewesen wäre.

Reinhard Lintelmann, Espelkamp; Peter Michels, Schmallenberg; Eckhart Bartels, Ronnenberg; Rudi Heppe, Brilon; Johannes Kuhny, Menden; Dirk Trinn, Brilon; Hermann E. Sieger, Lorch; Eduard Knoll, Lorch; Michael Schick, Laupheim; Rudolf Thurner, Icking; Walter Treser, Rüsselsheim; Rupert Stuhlemmer, Berlin; Verkehrsmuseum Dresden, Dresden; Automobil- und Zweiradmuseum Suhl, Suhl; Verein Automobilbaumuseum Eisenach, Eisenach; Volkswagen AG, Wolfsburg; Karmann Werke, Osnabrück; Karosserie Baur GmbH, Stuttgart; Bitter Automobile Manufacture GmbH, Schwelm; Porsche AG, Stuttgart; Adam Opel AG, Rüsselsheim; Ford Werke AG, Köln; BMW AG, München; Mercedes-Benz AG, Stuttgart; NSU GmbH, Neckarsulm; Dürkopp Adler AG, Bielefeld; ISDERA GmbH, Leonberg; Audi AG, Ingolstadt; Karosserie Friedrich Rometsch, Berlin; Autohaus Melkus GmbH, Dresden; Erdmann & Rossi, Berlin

In gleicher Reihe erschienen

Die berühmtesten deutschen

– Autos aller Zeiten

– Motorräder aller Zeiten

– Lastwagen aller Zeiten

– Traktoren aller Zeiten

– Lokomotiven aller Zeiten

– Feuerwehrfahrzeuge aller Zeiten

Der Autor

Udo Bols, Jahrgang 1943, lebt in München und arbeitet als Kaufmann in einem Accumulatorenbetrieb. Passionierter Automobilist. Verfasser mehrerer Auto-Sachbücher, u.a.: "Porsche Sportwagen – eine Chronik", "Mercedes Personenwagen – eine Chronik", "Die berühmtesten deutschen Autos aller Zeiten".